세무사 3인이
알려주는
세무조사 대비의
모든 것

세무사 3인이 알려주는

세무조사 대비의 모든 것

이봉구 · 양동원 · 변종화 공저

아는 만큼 보인다!

84가지 핵심 노하우

매일경제신문사

Prologue

누구나 세무조사를 떠올리면 막연한 두려움을 갖게 된다고 한다. 특히 사업자라면 '털어서 먼지 안 나는 사람 없다는 말'이 있듯이 괜스레 죄지은 것도 없이 세무조사란 단어를 생각하면 심기가 불편해진다.

필자가 19년간의 공직생활을 마무리하고 세무사로서 인생2막을 준비하던 시절의 에피소드를 소개하고자 한다. 당시 현직공무원으로 일선세무서에 근무하던 필자는 새로운 도전을 위해 선배 세무사의 자문을 구하려 업무노트를 들고 무작정 세무서 근처의 세무사사무실을 방한 적이 있다.

"무슨 일로 오셨느냐?"라는 여직원들의 질문에 "세무서 조사과에 근무하는 ○○○인데 세무사님을 뵙고 여쭤볼 게 있어서 왔다"라고 답했다. 세무서 조사과에 나왔다는 필자의 답변에 당시 여직원과 세무사가 깜짝 놀랐다고 후일 필자에게 고백한 적이 있다.

세무업무를 다루는 세무사조차 막연하게 두려움을 느끼는 세무조사에 대해 많은 편견과 오해가 상존하고 있다는 것을 마음속 깊이 새기게 됐다.

어떻게 하면 납세자들이 세무조사와 관련된 그릇된 오해와 막연한 두려움에서 벗어날 수 있을까? 어떻게 하면 합법적이고 합리적으로 미래의 세무조사에 대비할 수 있을까?를 고민하게 됐다. 아이파경영 아카데

미의 전임교수로 전국을 다니며 〈세무조사사례를 통한 중소기업의 세무문제 해결실무〉 강의하면서 세무조사에 대해 납세자들이 무엇을 궁금해 하고 있는지, 무엇에 목말라하는지, 피부로 느끼게 됐다.

국세청 조사국 등에서 19년간 체험한 세무조사 경험과 전국을 다니며 세무조사와 관련된 내용을 강의했던 필자의 경험을 어떻게 하면 많은 사람들에게 쉽고 재미있게 알릴 수 있을까? 고민하다가 책을 출간하기로 결심했다. 필자와 뜻을 같이 공동저자들과 수많은 불면의 밤들을 보내며 자료를 수집, 연구해서 내용을 다듬었다.

이 책이 세무조사 분야에 있어서 최고는 아니라고 할지라도 세무조사에 관한 납세자들이 궁금해하는 모든 내용을 담았다고 감히 말씀드린다. 아무쪼록 납세자들이 세무조사와 관련해 잘못 오해하고 있는 부분을 바로잡는 계기가 됐으면 좋겠다.

아울러 이 책에서 기술하고 있는 일반적인 세무조사사례가 납세자에게 타산지석이 돼 세금을 절세할 수 있는 기회가 되기를 진심으로 바란다.

독자들의 행복을 기원하며…

2017년 9월
이봉구 세무사

Prologue

세무조사 잘 받는 비법은 뭘까?

　20여 년간 세금에 대한 일을 해면서 때로는 식상할만도 하지만 세금 다루는 일이 그렇지만도 않다. 매년 세법이 개정되니 새로운 규정을 파악하느라 매년 새롭고 세무상담을 할 때에는 한 사람 한 사람의 사연들이 결코 가볍지도 똑같지도 않다. 그런 사연들을 들을 때마다 집중하다보면 한두 시간이 훌쩍 지나간다. 세법은 정해져 있는데 살아가는 삶이 모두 다르다보니 세법을 풀어가는 방법도 다양하다.

　독자들은 '세금'하면 어떤 생각이 떠오를까?
　아마 '세금은 어렵다, 복잡하다, 세무조사를 받아서 추징당할까 봐 두렵다'일 것이다. 그동안 세무업무를 해온 결과 세법은 역시나 어려운 것이 맞다. 이 어려운 세법을 세무대리인으로서 고객을 대신해 고민하고 해결책을 찾아나가는 과정에서 보람을 느낄 때가 많다. 한 사람이라도 세법을 몰라 억울한 일이 발생하지 않도록 세심하게 연구하고 해결책을 찾는 일을 소명으로 생각한다.

　가장 훌륭한 의사는 아프기 전에 찾아올 병을 예방하고 미리 치료하는 의사고, 두 번째로 훌륭한 의사는 수술을 잘하는 의사라는 말이 있다. 세무사도 마찬가지다. 추후에 세무문제가 발생하지 않도록 미리 예방하는 방법을 찾고, 그래도 문제가 발생하면 최선을 다해서 세무조사에 대응해 솔루션을 제공하는 것이다. 납세자 여러분도 마찬가지일 것이다.

세금은 이미 문제가 발생하면 늦는 경우가 많다. 문제가 발생하기 전에 미리미리 관련된 세무지식을 쌓아 상담하고 예방하는 것이 중요하다.

독자 여러분 스스로 문제가 발생하기 전에 세무조사에 대응하고 예방할 수 있도록 안내하기 위해서 집필했다. 그동안의 세무상담 사례들, 세무조사 대응사례들을 쉽고 이해하기 편하게 수록했다. 그렇지만 결코 가벼운 내용들이 아니다. 이 책은 그동안의 실제 있었던 사연들의 집합체다. 흔히 다음과 같은 말을 많이 한다. '세법은 너무 어려워, 그리고 세무사무소에서 알아서 다 해주니 내가 신경쓰지 않아도 되겠지!'라고 한다. 맞는 말이다. 세법은 어렵고 큰 재산이 걸린 문제이므로 전문가와 상담하는 것이 가장 현명한 절세방법이라고 말씀드리고 싶다. 하지만 전문가에게 의뢰하기 전에 내가 전체적인 흐름과 문제점을 미리 알고 있다면, 상담할 때 서로 말이 통하고 이해도가 높아져 더 품질 높은 상담과 솔루션 도출이 가능하다.

이 책을 통해 가벼운 마음으로 세무조사에 대해 세무서와 세무사무소, 납세자의 입장이 어떤지 간접 체험하는 기회로 삼을 것을 권해드린다.
지난 겨울부터 매주 책에 대한 스터디를 하면서 서로의 경험을 공유하고 저의 부족함을 채워주신 공동저자 이봉구 세무사, 양동원 세무사께 감사와 존경의 마음을 표한다.

2017년 9월

변종화 세무사

Prologue

세무조사의 어려움을 겪은 모든 분들께

이 책은 일반적인 세법 책처럼 딱딱한 지식을 전달할 목적이 아닌 쉽고 간단하게 세무조사에 대한 설명하고자 시작됐다. 그래서 독자의 대상도 사업하시는 분들에 한정하지 않고 일반인들까지 확장해 많은 독자들에게 유익한 상식이 될 수 있도록 설명하고자 노력했다.

길고 장황한 설명보다 간단한 사례를 넣어서 가능한 쉽게 이해될 수 있도록 내용을 구성했다. 전문가들이 보는 책이라면 판례와 법조항이 잘 나와 있어야 하지만, 이 책은 일반인을 위한 책으로서 깊은 지식보다는 세무조사에 대한 이해와 도움을 주는데 초점을 맞췄다.

세법은 항상 어렵게 느껴지고 아무리 봐도 이해되지 않는 게 많다고들 한다. 또한 자주 바뀐다. 그렇다면 어떻게 대처하는 게 좋을까? 전문 지식인에게 물어보는 게 좋은 방법이지만 모든 사람들에게 해당되는 해법은 아닌 듯 싶다. 또한, 전문가에게 묻더라도 기본적인 지식이 있어야 이해도 되고 궁금증도 해결될 수 있다. 개인적으로 최소한의 지식을 갖춘 후 상대에게 묻는 게 예의일거란 생각도 든다.

그래서 권하고 싶은 방법은 편한 책을 한 권 사서 지속적으로 펼쳐보는 것을 추천한다. 시간이 흐르더라도 책에서 중요한 부분을 기억하고 다시 그 부분을 찾아서 궁금증과 문제를 하나씩 해결할 수 있다. 모든 내용을 숙지하라는 게 아니라 그런 내용이 있는지만 알더라도 필요하면 찾아볼 수 있다는 얘기다.

출판의 과정을 겪어보면서 책의 출간이라는 것이 결코 쉽지 않다는 것을 알게 됐다. 혼자였다면 책이 나오는 것은 불가능했으리라는 생각이 든다. 함께한 다른 두 분과의 단합된 마음이 하나의 결과를 도출해 낼 수 있었던 것 같다.

많은 시간을 함께하며 노력해주신 이봉구, 변종화 세무사님께 감사를 표한다.

2017년 9월
양동원 세무사

Contents

프롤로그 / 04

I. 세무조사 일반

01 세무조사 선정은 어떻게 하나요? — 016
02 세무조사 관할 세무서는 주소지로 결정하나요? — 019
03 세무조사기간은 며칠인가요? 연기가 가능한가요? — 023
04 세무조사의 절차와 기준을 알고 싶어요! — 025
05 조사 대상자를 선정할 때 성실도분석은 어떻게 하나요? — 028
06 세무조사를 받으면 파산하던데요? — 030
07 세무조사 통지를 받았어요! 어떻게 해야 하나요? — 033
08 세무조사가 나오면 TV에서처럼 자료를 몽땅 가져가나요? — 036
09 자료상세무조사가 뭐예요? — 041
10 세무조사 시 어떻게 행동해야 하는지 알고 싶어요! — 046
11 세무조사에서 세금이 발생하면 가산세는 얼마나 나오나요? — 051
12 조세범으로 처벌되는 기준을 알고 싶어요! — 055
13 세무조사에서 제외되는 경우가 있나요? — 058
14 세무조사를 받고 결과가 억울하다면 어떻게 하면 될까요? — 060

II. 세무조사 법인

01 사원에게 주택을 저가분양해도 세무조사를 받나요? — 066
02 가지급금과 가수금이 많으면 세무조사를 받나요? — 070
03 최근 법인세조사 시 빈번한 추징사례를 알고 싶어요! — 074

04 중소기업이 주식 증자를 해도 세무조사하나요? 078
05 명의신탁 주식 세무조사를 한다는데 무슨 얘기인가요? 081
06 주식을 팔아도 세무조사 대상이 될 수 있나요? 086
07 건설업, 해외자회사의 세무조사에는 어떤 사례가 있나요? 089
08 분식회계가 뭔가요? 092

Ⅲ 세무조사 개인

01 등록 전 매입세액도 세무조사를 하나요? 096
02 판매촉진비에 대해 세금계산서를 받았는데 세무조사가 나왔어요! 099
03 영업권세무조사는 어떻게 하나요? 101
04 종교단체에서 건넨 백지기부금영수증 104
05 주택임대사업자도 세무조사하나요? 107
06 장부를 보관하고 있지 않을 때 어떻게 세무조사를 하고 세금을 부과하나요? 113
07 성실신고확인대상 사업자도 세무조사하나요? 115
08 같은 주소지에 사업자등록을 여러 개 하면 세무조사 받나요? 118
09 최근 종합소득세 세무조사 추징사례를 알고 싶어요! 122
10 병의원 세무조사는 어떻게 하나요? 126
11 병의원 세무조사 이유 129
12 병의원 세무조사 실제 사례 모음 132
13 고소득 자영업자 세무조사 136
14 학원, 유흥주점의 세무조사 포인트에는 어떤 점이 있나요? 138
15 숙박업의 세무조사 포인트에는 어떤 점이 있나요? 140
16 일반자영업의 세무조사사례를 알고 싶어요! 142

Contents

 세무조사 양도, 상속, 증여

01	1세대 1주택에서 1세대란 무엇인가요?	146
02	무허가주택도 1세대 1주택 비과세받을 수 있나요?	151
03	1세대 1주택에서 30세 미만의 미혼 자녀가 있는 경우 1세대 인정 여부	153
04	일시적인 1세대 2주택 주의사항	155
05	등기원인을 이혼위자료 대가로 부동산을 소유권이전하면 양도소득세가 과세되나요?	157
06	양도소득세 세무조사로 추징받을 때 언제까지 추징되나요?	159
07	양도소득세를 내지 못했을 때 세금에 대한 소멸시효는 몇 년인가요?	162
08	양도소득세의 억울한 처분을 구제받기 위한 과세전적부심사제도는 무엇인가요?	164
09	미등기 부동산을 양도하면 어떤 불이익이 있나요?	167
10	미등기 부동산 양도에 대한 사례를 알고 싶어요!	169
11	실제 자경을 하지 않았는데 쌀직불금 수령확인서, 농지원부, 고정직불금신청현황표, 경작사실확인서류가 있습니다. 양도세 자경감면을 받을 수 있나요?	171
12	직장에 다니는 경우 8년 자경농지감면이 가능한가요?	173
13	다른 소득이 있는 경우의 농지에 대한 8년 자경감면 여부	175
14	농지에 대한 8년 재촌 자경감면구비서류	177
15	자경감면을 받으려면 실제 농지여야 하고, 양도 당시에도 농지여야 하는데 과세관청에서는 어떻게 확인하나요?	179
16	부동산 허위양도계약서를 작성해 양도소득세를 신고하는 경우 세무조사해 추징이 되나요?	180
17	부동산 취득 시 다운계약서를 작성했는데 어떻게 하죠?	182
18	오피스텔 구입 시 환급받은 부가가치세의 추징사례	184
19	상속을 포기할 수도 있나요?	186
20	상속세 세무조사가 가장 무서워요!	188
21	상속개시일 전 처분자산이 상속재산에 포함되나요?	191
22	임차인이 신축건물 사용수익 후 무상이전했어요!	193

23	완전포괄주의과세가 뭐예요?	196
24	부담부증여로 받은 부동산은 어떤 경우에 세무조사 대상이 되나요?	199
25	부담부증여를 하면 증여자와 수증자에게 어떤 세금이 과세되나요?	201
26	동생에게 주식을 저가로 양도했는데 증여세가 과세되나요?	203
27	부모님으로부터 받은 고액전세보증금도 세무조사를 받나요?	205
28	부모님이 자녀의 부동산 담보대출을 대신 갚아줬는데 자금출처조사 대상이 되나요?	209

V 세무조사 기타

01	한 해에 세무조사를 얼마나 하나요?	214
02	해외계좌를 미신고하면 세무조사 받나요?	216
03	해외금융자료는 어떻게 세무조사하나요?	220
04	국세청에서 내 금융자료를 조회했다고 해요!	223
05	빅데이터를 활용한 세무조사	227
06	지방세 세무조사사례를 알고 싶어요!	230
07	4대 지하경제 세무조사가 뭐예요?	233
08	세무조사와 관련 지하경제 발굴방안은 어떤 것이 있나요?	237
09	교차조사가 뭐예요?	240
10	다른 나라도 세무조사를 하나요? 한다면 우리나라와 많이 다른가요?	242
11	NTIS가 뭐예요?	245
12	조선 시대나 고려 시대, 그 옛날에도 세무조사가 있었나요?	248
13	세금신고 전에 성실신고 지원자료가 있다고 하던데요?	251
14	탈세정보수집은 어떻게 이뤄지나요?	254
15	세무조사 시 자료제출을 거부하게 되면 어떤 처분을 받나요?	258
16	내 물건을 내가 써도 세무조사가 나오나요?	261
17	관공서, 공공기관에도 세무조사가 이뤄질 수 있나요?	263
18	연예인의 세무조사에 대해서 알고 싶어요!	265

Ⅰ

세무조사 일반

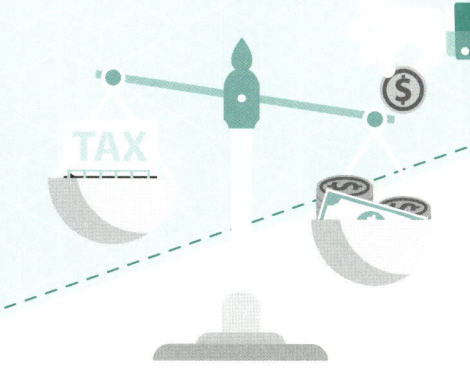

01 세무조사 선정은 어떻게 하나요?

02 세무조사 관할 세무서는 주소지로 결정하나요?

03 세무조사기간은 며칠인가요? 연기가 가능한가요?

04 세무조사의 절차와 기준을 알고 싶어요!

05 조사 대상자를 선정할 때 성실도분석은 어떻게 하나요?

06 세무조사를 받으면 파산한다고 하던데요?

07 세무조사 통지를 받았어요! 어떻게 해야 하나요?

08 세무조사가 나오면 TV에서처럼 자료를 몽땅 가져가나요?

09 자료상세무조사가 뭐예요?

10 세무조사 시 어떻게 행동해야 하는지 알고 싶어요!

11 세무조사에서 세금이 발생하는 경우 가산세는 얼마나 나오나요?

12 조세범으로 처벌되는 기준을 알고 싶어요!

13 세무조사에서 제외되는 경우가 있나요?

14 세무조사를 받고 결과가 억울하다면 어떻게 하면 될까요?

세무조사 선정은 어떻게 하나요?

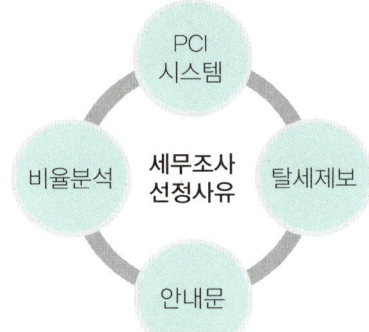

Q 누구나 다 두려워하는 세무조사는 어떤 사유로 선정하나요?

A 국세청에서는 세무조사를 여러 가지 사유로 선정하고 있습니다. 크게 4가지 방식으로 선정된다고 말씀드릴 수 있습니다.

1 PCI 시스템을 이용해 선정합니다.

PCI 시스템이란 소득과 지출을 비교·분석하는 방식입니다.
예를 들어 과거 3년간 국세청에 신고된 소득은 5억 원이고 3년간 지출액(부동산 취득이나 카드 지출)이 10억 원이라고 가정하면 차이금액 5억 원은 탈루소득으로 의심돼 세무조사 대상으로 선정하는 것입니다.

2 탈세제보를 통해 선정합니다.

탈세제보 포상금이 최대 1억 원에서 최근 40억 원까지 증대됐습니다. 거의 로또에 버금간다고 할 수 있습니다. 탈세제보로 인해 지하경제를 양성화하고 일반납세자에게도 성실신고를 유도할 목적으로 포상금을 인상했습니다.
사실 기업이 의도적으로 탈세하고 장부를 분식 기장한다면 과세관청에서 일일이 적발한다는 것이 쉽지 않습니다. 그래서 과세관청에서는 탈세제보 포상금을 대폭 인상해 탈세하면 지인들에 의해 제보될 수 있다는 경각심을 일으켜 성실신고분위기를 조성하고 있습니다.

3 성실신고안내문에 의해서 선정합니다.

납세자가 소득세나 법인세 등 각종 세금을 신고한 후에 과세관청에서 사후검증 안내문을 발송하는 경우가 왕왕 있습니다. 귀하의 신고내용을 정밀분석한 결과 불성실신고혐의가 있으니 자진해 수정신고하라는 내용입니다.

신고 후에 안내문을 받은 납세자는 엄청난 심적 부담을 느껴 대부분의 납세자들은 과세관청의 지침에 따라 수정신고를 하는 실정입니다. 만약 사후검증 안내문을 수령하고도 수정신고하지 않으면 과세관청의 세무조사를 받을 확률이 높아질 수밖에 없습니다.

4 각종 비율분석에 의해 선정합니다.

비율분석은 두 가지 방법으로 진행합니다.

첫째, 과거 계정과목의 수치와 비교합니다. 예를 들면 전년도 신고소득률이 30%인데 금년도 신고소득률은 25%라고 하면 소득 누락혐의를 갖게 됩니다.

둘째, 동일 사업연도의 다른 계정과목과 비교·분석하는 것입니다. 재무상태표상의 특정자산이 증가했다거나 손익계산서상의 특정비용이 과다계상됐다면 소득탈루의 의심을 받습니다.

세무조사 관할 세무서는 주소지로 결정하나요?

세무조사 관할 세무서	원칙 : 납세지 관할 세무서장 또는 지방 국세청장이 수행
내국법인 납세지 관할	법인 등기부상 본점 또는 주사무소 소재지
외국법인 납세지 관할	국내사업장의 소재지
개인소득자 납세지 관할	주소지, 주소지가 없는 경우 거소지
비거주자의 납세지 관할	국내사업장의 소재지
상속의 경우	피상속인·상속인 또는 납세관리인의 주소지나 거소지 중 상속인 또는 납세관리인이 그 관할 세무서장에게 납세지로서 신고하는 장소
납세지의 지정	신청하거나 직권에 의한 지정

　세무조사는 납세지 관할 세무서장 또는 지방국세청장이 수행합니다. 다만, 납세자의 주된 사업장 등이 납세지와 관할을 달리하거나 납세지 관할 세무서장 또는 지방국세청장이 세무조사를 수행하는 것이 부적절한 경우 등 다음에 해당하는 경우에는 국세청장(같은 지방국세청 소관 세무서 관할 조정의 경우에는 지방국세청장)이 그 관할을 조정할 수 있습니다.

- ☑ 납세자가 사업을 실질적으로 관리하는 장소의 소재지와 납세지가 관할을 달리하는 경우

- ☑ 일정한 지역에서 주로 사업을 하는 납세자에 대해 공정한 세무조사를 실시할 필요가 있는 경우 등 납세지 관할 세무서장 또는 지방국세청장이 세무조사를 수행하는 것이 부적절하다고 판단되는 경우

- ☑ 세무조사 대상 납세자와 출자관계에 있는 자, 거래가 있는 자 또는 특수관계인에 해당하는 자 등에 대한 세무조사가 필요한 경우

- ☑ 세무관서별 업무량과 세무조사 인력 등을 고려해 관할을 조정할 필요가 있다고 판단되는 경우

Q 그렇다면 납세지 관할은 또 어디인가요?

A 납세지 관할은 다음과 같습니다.

1 내국법인

내국법인의 경우 법인세 납세지는 그 법인의 등기부에 따른 본점 또는 주사무소의 소재지(국내에 본점 또는 주사무소가 소재하지 않는 경우에는 사업의 실질적 관리장소의 소재지로)로 합니다.

2 외국법인

외국법인의 법인세 납세지는 국내사업장의 소재지로 합니다. 다만, 국내사업장이 없는 외국법인으로서 부동산 소득 양도소득이 있는 외국법인의 경우에는 각각 그 자산의 소재지로 합니다.

3 개인소득자

개인의 경우는 그 주소지가 납세지가 됩니다. 다만, 주소지가 없는 경우에는 그 거소지로 한다고 돼있습니다.

4 비거주자

비거주자의 납세지는 국내사업장의 소재지로 합니다. 다만, 국내사업장이 두 군데 이상이며 주된 국내사업장의 소재지로 하고, 국내사업장이 없는 경우에는 국내원천소득이 발생하는 장소로 합니다.

5 상속의 경우

거주자 또는 비거주자가 사망해 그 상속인이 피상속인에 대한 소득세의 납세의무자가 된 경우의 소득세의 납세지는 그 피상속인·상속인 또는 납세관리인의 주소지나 거소지 중 상속인 또는 납세관리인이 그 관할 세무서장에게 납세지로서 신고하는 장소로 합니다.

6 납세지의 지정

사업소득이 있는 거주자가 사업장 소재지를 납세지로 신청한 경우, 거주자 또는 비거주자로서 신청한 납세지가 납세의무자의 소득 상황이 부적당하거나 납세의무를 이행하기에 불편하다고 인정되는 경우에는 국세청장 또는 관할 지방국세청장은 납세지를 따로 지정할 수 있습니다.

- ☑ 신청에 의한 경우는 특별한 사유가 없는 한 사업장을 납세지로 지정해야 하며 다음 연도 2월 말일까지 그 지정 여부를 서면으로 통지하게 돼있습니다.

- ☑ 정부 직권에 의해 납세지를 지정하는 경우에도 일정 기간 내에 납세지의 지정이 있음을 알리는 통지를 하게 돼있습니다.

- ☑ 납세지가 변경된 경우에는 그 변경된 날로부터 15일 이내에 변경 후 납세지 관할 세무서장에게 신고하게 돼있습니다.

세무조사기간은 며칠인가요?
연기가 가능한가요?

세무조사를 받게 되면 세무조사개시 10일 전 세무조사사전통지서가 발송됩니다.

세무조사 10일 전	사전통지서 발송
세무조사기간	주로 20일 정도, 다만 연장, 중지도 가능
연장되는 주요사유	조사에 성실히 임하지 않고 회피하거나 세금탈루혐의가 확인되는 등
세무조사 중지사유	납세자가 해외로 출국하거나 소재불명인 경우 등
세무조사 연기사유	천재, 지변 등 조사가 어려운 경우

> **Q** 세무조사의 사전통지를 받으셨다면 며칠이라고 적혀있을까요?

A 그 기간은 일정하지는 않습니다. 기간선정은 조사 대상, 업종, 규모, 조사난이도 등을 고려해 세무조사기간이 최소한으로 돼있습니다. 20일이 일반적인 만큼 그보다 더 길면 그만큼 중대하다고 볼 수 있습니다.
과세기간의 연간 수입금액 또는 양도가액이 100억 원 미만인 납세자의 경우 20일 이내에 세무조사를 마무리하도록 돼있습니다. 단, 연장하거나 중지할 수 있습니다.

과세기간의 연장·중지할 경우

- ☑ 납세자가 장부, 서류 등을 은닉하거나 제출을 지연 또는 거부하는 등 조사를 기피하는 행위가 명백한 경우
- ☑ 세금탈루혐의가 포착되거나 조세범칙조사로 전환되는 경우
- ☑ 천재지변이나 노동쟁의로 조사가 중단되는 경우

이 외에도 추가적인 사유가 더 있습니다. 주로 세무조사에 성실히 임하지 않거나 세금탈루가 확인되는 경우 등입니다.

> **Q** 세무조사 연장사유는 어떤 게 있을까요?

세무조사의 사전통지를 받은 납세자는 다음의 경우 관할 세무서장에 연기신청할 수 있습니다. 연기신청을 받은 관할 세무관서의 장은 연기신청 승인 여부를 결정하고 그 결과를 조사개시 전까지 통지하게 돼있습니다. 연기사유는 다음과 같습니다.

- ☑ 천재, 지변
- ☑ 화재, 기타 재해로 사업상 심한 어려움이 있을 때
- ☑ 권한 있는 기관에 장부, 증빙서류가 압수 또는 영치된 때
- ☑ 기타 이에 준하는 사유

세무조사의 절차와 기준을 알고 싶어요!

세무조사의 절차는 다음과 같습니다.

1 조사 대상자 선정

법인세 등의 신고내용을 토대로 성실신고도를 측정하는 등 다양한 분석을 통해서 1차적으로 리스트를 작성하게 됩니다. 국세청에서는 국세행정 통합 시스템의 자료를 토대로 여러 분석 프로그램을 이용해 대상자를 선별하고 있습니다. 이런 선별 후 국세청 전산실은 본청의 기준에 따라 영세성실사업자를 조사 대상에서 배제하는 등의 선별과정을 거쳐 지방국세청에 통보합니다.

2 조사계획 수립

조사 대상이 선정되면 관할에서는 조사 대상 과세기간, 조사반의 편성 및 운영, 조사기간, 조사방법, 통합조사의 실시 등의 조사계획을 수립합니다. 조사 대상 과세기간의 경우 일반조사자는 최소한의 범위고, 범칙조사자는 국세부과제척기간의 범위로 진행됩니다. 이는 범칙조사자는 통상 5년이 해당되고, 사기 기타 부정한 경우는 10년으로 늘어날 수도 있다고 해석될 수 있습니다. 조사관서장은 세무조사기간이 최소한이 되도록 하고, 수입금액 또는 양도가액이 100억 원 미만인 납세자에 대한 세무조사기간은 20일 이내로 조사기간을 설정합니다.

3 통보

세무조사는 조사를 시작하기 10일 전에 조사 대상 세목, 조사기간 및 조사사유, 그 밖의 사항 등을 통지합니다. 통지를 받았다면 조사착수 전에 장부, 증빙, 각종 서류를 검토해 준비합니다.

4 세무조사의 시작

조사공무원이 사무실을 방문하거나 필요자료를 요청하는 등으로 세무조사가 시작됩니다. 이때 납세자는 가능한 성실하게 조사에 임하는 게 좋습니다.

5 세무조사 진행

세무조사가 진행되면 조사관은 납세자의 장부 등을 파악합니다. 납세자는 세무대리인을 선정할 수 있으며 조사기간은 보통 20일 이내입니다.

6 세무조사의 종결

조사공무원이 세무조사를 종결하고자 할 때에는 조사한 내용을 정리해 조사관서장에게 보고해야 하고, 조사관서장은 그 내용을 검토해 조사의 종결 여부를 결정해야 합니다. 조사공무원은 납세자에게 조사결과를 구체적으로 설명하며, 납세자의 권리구제 방법을 알려줍니다.

7 조사결과의 통지

조사공무원은 납세자에게 통지한 조사기간이 종료한 날로부터 20일 이내에 세무조사결과를 납세자에게 통지합니다.

세무조사 대상의 선정기준

▶ **정기조사 대상자**

- 국세청장이 납세자의 신고내용에 대해 정기적으로 성실도를 분석한 결과 불성실혐의가 있다고 인정하는 경우
- 최근 4과세기간 이상 같은 세목의 세무조사를 받지 않은 납세자에 대해 업종, 규모, 경제력 집중 등을 고려해 신고내용이 적정한지를 검증할 필요가 있는 경우
- 무작위 추출방식으로 표본조사를 하려는 경우

▶ **비정기조사 대상자**

- 납세자가 세법이 정하는 신고, 성실신고확인서의 제출, 세금계산서 또는 계산서의 작성·발급·제출, 지급명세서의 작성·제출 등의 납세협력의무를 이행하지 않은 경우
- 무자료거래, 위장·가공거래 등 거래내용이 사실과 다른 혐의가 있는 경우
- 납세자에 대한 구체적인 탈세제보가 있는 경우
- 신고내용에 탈루나 오류의 혐의를 인정할 만한 명백한 자료가 있는 경우

조사 대상자 선정할 때 성실도분석은 어떻게 하나요?

　국세청장이 납세자의 신고내용에 대해 정기적으로 성실도를 분석한 결과 불성실혐의가 있다고 인정되는 경우 세무조사 정기조사의 선정 대상이 됩니다.

　성실도분석에 의한 선정은 성실도분석표에 의해 성실도 하위 순으로 선정하고 업종별, 그룹별, 규모별로 선정비율을 부여해 객관적인 기준에 의해서 조사 대상자를 선정합니다. 그렇지만 당해 업체가 실제로 업황이 좋지 않음에도 불구하고 신고성실도가 낮으면 조사 대상자에 선정될 수도 있습니다.

　부가가치세의 경우 성실도분석방법으로는 부가율이 있습니다. 부가율은 매출과세표준과 매입과세표준의 차액을 매출액으로 나눠 백분율로 나타내는 것으로 관련 업종의 평균부가율과 해당 업체의 부가율이 현저하게 차이 나면 확인 대상이 됩니다. 특히 부가가치세를 환급받는 업체는 눈여겨보는 경우가 많으며 우선적으로 증빙을 요구하기도 합니다.

법인세의 경우 해당 법인의 소득률, 매출총이익률, 영업이익률을 분석합니다. 업종 평균과 해당 업체의 비율을 비교·분석해 업종 평균과 많은 차이가 발생하는지 확인합니다.

그 외에도 여러 자료를 종합하고, 성실도분석 시 평가요소와 가중치를 과학적이고 객관적으로 정해 분석하고 있습니다. 이러한 성실도분석은 무작위 추출방식에 의해 세무조사 대상자로 선정되는 경우 성실한 납세자가 조사를 받는 사례가 과다하게 발생하지 않도록 하기 위해서도 반영되고 있습니다.

세무조사를 받으면 파산한다고 하던데요?

Q 세무조사를 받으면 파산하게 되나요? 그리고 조세범처벌을 받게 돼 구속까지 될 수 있나요? 무서워요?

A 대부분의 경우에는 세무조사 후 일정액의 세금을 부과하는 선에서 세무조사는 마무리됩니다. 다만 고의적이고 악의적인 탈세의 경우에는 조세범처벌법에 따라 검찰에 고발되며 조세범으로 확정판결을 받게 되면 교도소에 수감될 수도 있습니다.

Q 어떤 경우에 조세범으로 검찰에 고발이 되나요?

A 조세포탈금액기준이 있고 조세포탈혐의비율이 있는데 둘 중 어느 하나에 해당하면 검찰에 고발하게 돼있습니다.

[조세범으로 처벌하는 기준]

신고수입금액	조세포함혐의금액	조세포탈혐의비율
100억 원 이상	20억 원 이상	15% 이상
50억 원 ~ 100억 원	15억 원 이상	20% 이상
20 ~ 50억 원	10억 원 이상	25% 이상
20억 원 미만	5억 원 이상	

※ **조세포탈혐의비율이란?**

조세포털협의금액 / 신고수입금액

Q 그러면 어떻게 해야 조세범에 의해 처벌을 받는 것을 면할 수 있을까요?

A 악의가 없었다는 것을 입증해야 합니다. 부득이하게 세금누락이 됐지만 고의적인 탈세는 아니어서 최대한 지출된 비용을 찾아내 과세관청에 입증자료로 제출합니다.

다음은 사회적 지탄을 받고 있던 사채업자에 대한 실제 세무조사사례입니다.

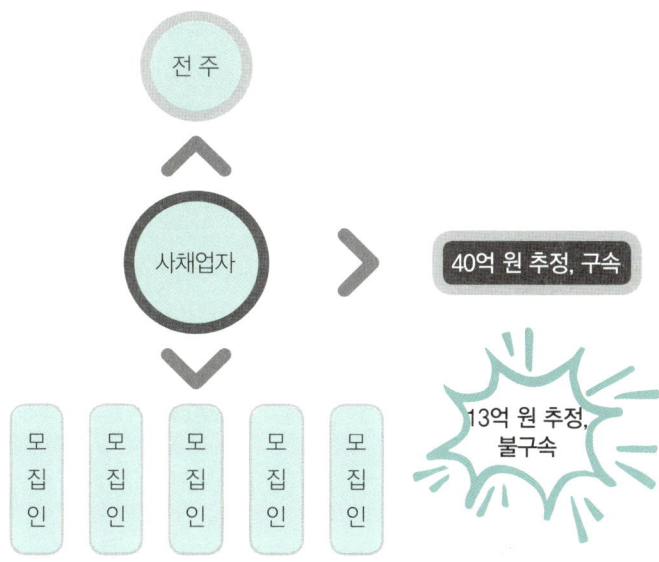

사채업자는 추징예상세액이 40억 원 정도에 이르러 조세범으로 검찰에 고발이 예정돼 있고 교도소에 수감될 처지에 놓여 있었습니다.

하지만 이 사채업자는 실제로는 바지사장에 불과했고 실제 전주(돈을 댄 물주)는 따로 있었습니다. 또한 사채놀이를 하기 위해 수많은 모집책들에게 고액의 수당을 지급하고 있었습니다. 그래서 실제 전주를 과세관청에 노출시키고 모집책들에게 지급한 수당에 대해 입증자료를 만들어 과다하게 조사된 소득을 실제 소득에 맞게 조정할 수 있었습니다.

최종적으로 이 사채업자의 소득세는 4억 원 정도로 결정돼 조세범으로 검찰에 고발되는 위기를 면할 수 있었습니다. 실제 전주와 모집책들에게 각각의 세금과 신고납부불성실가산세 등이 부과되었지만 사채업자와 전주, 모집책들의 세금을 합해 13억 원 정도로 세무조사를 마감할 수 있었습니다.

세무조사 통지를 받았어요!
어떻게 해야 하나요?

Q 저희 사업장에 세무조사를 나오겠다고 세무서에서 공문이 날라왔어요! 뭘 어떻게 준비해야 할지 모르겠어요.

A 과거와 달리 최근에는 세무조사 전에 납세자에게 사전통지하도록 세법에 규정돼있습니다(물론 조세범칙조사는 예외적으로 사전통지를 생략할 수도 있습니다).

사전통지를 받고 나서 실지 세무조사 개시까지는 상당한 시간적 여유가 있습니다. 세무조사 시 조사관들이 질문할 사항들을 미리 예상문제로 푸는 것입니다. 구체적으로 말씀드리면 회사의 회계처리 전반에 대해 비율분석을 하는 것이 좋습니다. 계정과목별로 특별하게 많이 계상된 금액이 있는지?

있다면 그 사유는 무엇인지 살펴보는 것입니다. 그리고 과거년도 재무제표와 당해연도 재무제표도 비교·분석해서 특별하게 변동폭이 심한 계정에 대해 원인분석을 해보는 것입니다. 그리고 조사 대상기간에 대한 은행 거래원장을 출력해 고액입출금에 대해 회계처리를 확인합니다. 세무조사 경험상 출처를 입증하지 못 해서… 기억을 잘 못 해서 억울하게 인정과세를 당하는 사례가 종종 발생되고 있기 때문입니다.

저자의 경우 신용카드를 비교적 많이 사용하는 편인데 한달 전에 제가 지출했던 내용도 잘 기억 못 해서 "아, 왜 이렇게 카드결제액이 많이 나왔지!" 하면서 카드회사에 지출처에 대해 문의전화를 했던 일도 종종 있습니다. 세무조사는 보통 3년 전의 거래에 대해 조사하므로 잘 기억하지 못 해서 입증을 못하는 경우도 발생합니다. 그래서 예상문제를 풀어보는 것이 중요한 것입니다. 학창시절에도 예상문제를 풀어보는 학생들이 괜찮은 점수를 받는 것처럼 말입니다.

Q 세무조사가 개시되면 어떻게 대응해야 하는지 알려주세요.

A 조사기간 중에 세무조사관들이 지적하는 내용을 잘 기록하는 것이 중요합니다. 적자생존이란 말이 있지요?('적는 자만이 살아남는다'라는 우스갯소리도 있습니다)

첫째, 조사관들이 해명을 요구하는 사항을 쟁점별로 잘 해야 합니다.

둘째, 소명내용을 쟁점별로 잘 정리합니다.

셋째, 조사관들의 입장과 납세자의 입장이 다를 경우 쟁점사항이 무엇인지 잘 요약해서 메모합니다.

넷째, 국세청사이트에 있는 국세법령정보시스템을 접속해 관련 예규, 판례 등 사례를 수집해 정리합니다.

이렇게 메모를 잘해놓으면 조사가 종결돼 납세자를 상대로 세무조사관이 문답서를 작성할 때 불이익을 당하지 않을뿐더러 조사가 종결된 후 불복하게 되는 경우에도 엄청난 시간적, 경제적 실익을 챙길 수 있습니다. 세무조사기간 중에 메모를 제대로 하지 않아 세법에 대해 비전문가인 납세자가 불이익을 당하는 경우가 너무나 많습니다.

Q 세무조사 종결 시 어떻게 대응해야 하는지 알려주세요.

A 세무조사가 종결되면 세무조사관이 납세자에게 세무조사결과에 대한 오리엔테이션을 해주도록 조사사무처리규정에 규정돼있습니다. 그런데 실무적으로 세무조사과정에서 납세자가 세무조사관에게 신경질적으로 화를 내는 경우가 있습니다. "아니 내가 뭘 잘못했다고 이러는 거야! 맘대로 하라구!"라며 발끈하는 납세자들이 종종 있습니다. 절대로 발끈해서 이득 될 게 하나도 없습니다. 세무조사관들은 세무조사를 실시하기 전에 당해 사업자에 대해 사전예비조사를 하고 조사에 착수하게 됩니다. 그리고 조사과정에서 당해사업자의 생산유통과정 전반에 관해 세무회계상 문제점에 대해 검토합니다. 그리고 조사종결시점에 당해 사업자에게 회사의 세무회계상 문제점과 개선책을 제시하도록 규정하고 있습니다.

사업자 입장에서는 가장 확실한 외부기관에서 경영컨설팅을 받고 있다고 생각해도 좋습니다. 실제로 세무조사기간 중에 세무조사관들이 회사임직원의 회계부정사례라든가, 회사의 잘못된 회계관행을 지적해 바로잡기도 합니다. 세무조사를 잘 활용하면 오히려 회사가 더욱 성장하고 발전하는 데 있어 전화위복의 기회가 될 수도 있습니다. 다시 말씀드리지만 절대로 세무조사관에게 발끈해 경영컨설팅의 좋은 기회를 놓치지 말아야 합니다.

세무조사가 나오면 TV에서처럼
자료를 몽땅 가져가나요?

　TV를 보면 세무조사를 받는 기업체에 갈 때 국세청 직원들이 커다란 박스를 들고 들어가서 자료를 몽땅 담아서 나오는 것을 볼 수 있습니다. '세무조사는 그렇게 하는구나'라는 생각이 듭니다.

　정말로 그럴까요? 일반적인 세무조사는 그렇지 않습니다. 자료는 함부로 가져갈 수 없습니다. 또한, 특별한 경우 외에는 자료를 가져가지도 않습니다.

　그렇다면 TV에서는 왜 그런 걸까요?

　세무조사에는 법원이 수색영장을 발부해 진행하는 조세범칙조사와 납세의무의 성립 및 이행 여부를 검증하는 '일반세무조사'가 있으며, 후자의 일반세무조사가 대부분 알고 있는 세무조사입니다.

세무사찰이라고도 하는 조세범칙조사는 일반세무조사와 달리 대상업체의 명백한 세금탈루혐의가 드러났을 경우 실시하는 세무조사입니다.

따라서 조세범칙조사는 이중장부, 서류의 위조·변조, 허위계약 등 기타 부정한 방법에 의해 조세를 포털한 자에게 조세범처벌법을 적용해 처벌(벌금통고 또는 고발)이 진행되는 사법적 성격의 조사입니다. 범칙조사에는 임의조사와 강제조사의 방법이 있으며, 강제조사의 경우 납세자의 의사와 관계없이 압수·수색영장을 제시하고 납세자의 사무실, 공장, 창고, 자택 등을 강제로 수색해 필요한 서류 등을 압수, 영치할 수 있습니다.

다음은 조세범칙조사에 대한 응답입니다.

Q 조세범칙조사란 무엇인가요?
A 조세범칙조사란 조사공무원이 조세범처벌법 제3조부터 14조까지의 죄에 해당하는 위반행위 등을 확정하기 위해 조세범칙사건에 대해 행하는 조사활동을 말합니다.

Q 조세범칙조사는 일반세무조사와 비교해 어떤 목적을 가지고 있나요?
A 일반세무조사는 과세권을 행사할 목적으로 조사하는 반면에 조세범칙조사는 형벌권을 행사할 목적으로 조사합니다.

Q 어떤 근거로 조세범칙조사를 하는 것인가요?

A 일반세무조사는 각 세법의 질문조사권에 의해 조사하는 반면에 조세범칙조사는 조세범처벌절차법과 형사소송법의 일부 규정에 의해 세무조사를 합니다.

Q 세무조사를 집행하는 조사관이 다른가요?

A 일반세무조사는 국세청의 세무공무원이 진행하지만 조세범칙조사는 지방검찰청 검사장의 지명을 받은 세무공무원이 진행합니다.

Q 사전에 조사예고도 없이 조사를 하기도 한다던데요?

A 일반세무조사는 조사시행 전에 사전통지를 하도록 규정돼 있으나 조세범칙조사는 사전통지 없이 불시조사를 하고 있습니다.

Q 조사 대상기간은 보통 몇 년인가요?

A 일반세무조사는 통상적으로 1~3년인 반면에 조세범칙조사는 5~10년 이내로 이뤄져 있습니다.

Q 조사방법이 다른가요?

A 일반세무조사는 임의조사방식으로 진행되는 반면에 조세범칙조사는 임의조사와 강제조사를 병행하고 있습니다.

Q 조사가 끝난 후에 결과처분은 어떻게 다른가요?

A 일반세무조사는 조사가 종결되면 납세고지서가 발송되지만 조세범칙조사는 통고처분 및 고발하게 됩니다.

Q 통고처분이 뭐예요? 처음 들어보는 말인데요?

A 통고처분은 조세범칙사건의 조사결과 범죄의 검증이 있었을 때 그 이유를 명시하고 벌금 또는 과료 등을 지정장소에 납부할 것을 통지하는 행정처분입니다. 조세포탈범에 대한 형사소송의 선행절차로써 검찰에 고발하지 않고 통고처분을 통해 사건을 종결시키려는 제도입니다.

Q 조사결과에 대해 이의가 있는 경우에는 어떻게 해야 하나요?

A 일반세무조사는 조사가 끝난 후에 과세전적부심사청구, 이의신청, 심사청구, 심판청구 등을 거쳐 법원에 소송을 제기할 수 있습니다. 반면에 조세범칙조사는 조사결과에 이의가 있는 경우 통고처분을 불이행하면 됩니다. 통고처분을 이행하지 않으면 검찰에 고발돼 형사소송법에 따라 소송을 진행합니다.

Q 조세범칙조사는 세무조사 중에 제일 무서운 조사로 알고 있는데 어떤 처벌특성을 가지고 있습니까?

A 양벌규정이 있습니다. 행위자뿐만 아니라 사업주인 개인과 법인도 처벌합니다. 또한 징역과 벌금을 병과할 수도 있습니다. 뿐만 아니라 사기나 기타 부정한 행위를 한 경우에는 형의 2분의 1을 가

중하는 규정을 두고 있습니다. 그리고 조세범칙조사는 고발전치주의를 적용하고 있는데 고발전치주의는 조세범처벌법에 따른 범칙행위에 대해서는 국세청장, 지방국세청장, 세무서장의 고발이 없으면 검사는 공소를 제기할 수 없습니다.

Q 09

자료상세무조사가 뭐예요?

저는 19년간 국세청에서 세무공무원으로 공직생활을 했습니다. 처음 입사했을 때부터 퇴직할 때까지 귀가 따갑도록 들은 이야기가, 자료상 발본색원이라는 말이었습니다. 2004년도에 공직을 퇴직하고 처음 저의 세무사사무실을 오픈했을 때 에피소드를 들려드리겠습니다.

2004년 10월경 양복을 말쑥하게 차려입은 2명의 신사가 저희 사무실에서 와서 사업자등록발급을 빨리 해달라는 겁니다. 그리고 기장료도 섭섭하지 않게 드릴 테니 장부기장을 잘 좀 해달라고 했습니다. 당시 기장거래처도 많지 않아 저는 감사한 마음으로 그 거래처의 세무대리업무를 수임하게 됐습니다. 그 사업자는 2달 만에 순식간에 300억 원의 세금계산서를 발행했습니다. 곧 결산시즌이 되어 통장 등 입증자료를 챙겨달라고 했더니 "증빙서류가 좀 부실한데 우리 좀 융통성 있게 합시다. 세무사님 조정료는 원하는 대로 드리겠습니다" 하는 겁니다. '아, 말로만 듣던 자료상이 바로 이 사람이구나' 하는 직감이 들었습니다. 그래서 "입증자료를 챙겨오지 않으면 저희 사무실에서는 결산업무를 대행해드릴 수 없습니다" 했더니 그 사업자는 사업장주소를 다른 곳으로 정정하고 다른 세무사사무소에서 결산업무를 하겠다고 하며 저희 사무실을 떠났습니다. 그 후 관할세무서에서 연락이 왔습니다. 세무사님이 발급 대행해준 그 문제의 사업자가 자료상으로 확정됐고 세무조사를 받고 그 결과 검찰에 고발됐다는 것입니다. 저는 가슴을 쓸어내렸습니다. '내가 만일 조정료를 후하게 받고 그 자료상사업자의 결산대행을 수행했더라면 큰 봉변을 당할뻔했구나' 하며 안도의 한숨을 쉬었던 경험이었습니다.

Q 자료상, 자료상 하는데 자료상이 뭐예요?

A 실물거래 없이 세금계산서만을 매매하는 가짜 사업자를 자료상이라고 합니다.

Q 어떻게 실물거래 없이 세금계산서만을 사고팔고 할 수가 있나요?

A 우리나라 부가가치세는 전 단계 세액공제법의 구조로 이뤄져 있습니다. 예를 들어 제조업을 하는 김 사장의 2017년도 1기 매출액이 10억 원이고 매입액은 5억 원이라고 가정했을 때 납부해야 할 부가가치세는 얼마가 되죠?

매출세액 : 10억 원 × 10% = 1억 원, 매입세액 5억 원 × 10% = 5,000만 원, 납부세액은 매출세액 1억 원에서 매입세액 5,000만 원을 차감한 5,000만 원이 되는 것이죠? 이렇게 부가가치세가 계산되는 구조를 '전단계세액공제법'이라고 합니다. 매

출을 하기 위해 매입한 전단계매입세액을 내가 납부할 세액에서 공제해주기 때문에 '전단계세액공제법'이라고 합니다. 매입이 많으면 많을수록 납부할 세액은 줄어들죠? 뿐만 아니라 매입자료는 소득세나 법인세를 신고납부할 때도 경비로 인정되기 때문에 세금을 계산할 때 아주 중요한 역할을 합니다.

그래서 부가가치세는 물론이고 소득세나 법인세를 줄이기 위해 자료상이 나타납니다. "매입자료 부족합니까? 내가 부가가치세 5%만 받고 끊어줄 테니까 받아 가실래요?" 하고 자료상의 유혹의 손길이 다가옵니다.

Q 그렇군요! 매입자료가 부족한 사업자들은 쉽게 유혹에 넘어가겠네요. 부가가치세납부세액을 줄일 수도 있고, 게다가 소득세나 법인세를 줄일 수 있으니 말이에요? 그런데 가짜 세금계산서를 받으면 세무조사를 받는다고 하던데 세무조사는 어떻게 이뤄지나요?

A 네, 정부에서는 매년 4,000명 정도의 자료상에 대해 세무조사를 실시하고 있습니다. 국세청의 전산시스템은 전 세계적으로 인정받는 벤치마킹의 대상이 되고 있는 선진시스템입니다.

세금계산서를 비롯해서 전국의 모든 사업자의 과세자료가 전산입력 되며 크로스 체크되어 전산분석이 됩니다. 수상쩍은 자료상자료에 대해서는 실시간으로 모니터링되기도 합니다. 가령 어느 가짜 사업자가 순식간에 엄청 많은 가짜 세금계산서를 매매했다고 가정했을 때 국세청의 전산망에 의해 체크되고 세무조사를 받게 됩니다.

Q 솔직히 말해서 제 주변의 많은 사업자들이 실제 거래액을 부풀려서 실제 매입보다 더 많게 매입세금계산서 자료를 받기도 하던데, 이런 경우에도 '자료상거래'라고 하고 세무조사를 받게 되나요?

A 실제 재화를 공급하지 않고 세금계산서 자료만 판매하는 가짜 사업자를 '완전자료상'이라고 하고 실제 사업을 하면서 실제 거래와는 별도로 가짜로 세금계산서를 판매하는 사업자를 '부분자료상'이라고 합니다. 완전자료상에 대해서는 자료상세무조사 대상자로 선정돼 엄정한 세무조사를 거쳐 세금추징은 물론 검찰에 조세범으로 고발하게 됩니다. 부분자료상에 대해서는 자료의 경중에 따라 일반 세무조사나 자료상세무조사로 선정합니다.

정부에서는 자료상을 부가가치세제도의 근간을 흔드는 반사회적 범죄로 보고 자료를 판매한 자료상이나 자료상자료를 매입한 양당사자 모두를 엄격하게 처벌하고 있습니다. 눈앞의 조그만 이익을 위해 자료상자료를 매입해서 세무조사를 받는 일이 있어서는 안 되겠죠? 게다가 엄청난 세금추징과 함께 검찰에 조세범으로 고발되는 사례가 있어서는 더더욱 안 될 것입니다.

Q 자료상으로 확인되면 어떤 처벌을 받게 되나요?

A 자료상과의 거래의 경우 세법상으로는 조세범처벌법에 의해 처벌을 받습니다. 미교부, 미수취, 허위교부, 허위수취의 경우 1년 이하의 징역 또는 벌금, 가공세금계산서 교부수취 및 제출행위의 경우 3년 이하의 징역 또는 벌금, 자료의 알선이나 중개행위 또한 3년 이하의 징역이나 벌금의 처벌을 받습니다.

Q 어떤 사례가 있나요?

A 과거에 남대문시장과 동대문시장 집단상가 내의 업소에서 세금계산서를 허위로 작성한 금액이 3,000억 원이 넘게 밝혀져서 보도된 사례가 있습니다.

세무조사 시 어떻게 행동해야 하는지 알고 싶어요!

Q 세무조사를 나온다고 하는데 어떻게 준비해야 하나요?

A 세무조사 시 준비해야 될 사항을 알려드리겠습니다.

1 자료준비

조사관들의 예상되는 조사방향, 요구자료 등을 분석해서 답변 자료를 준비해야 합니다.

2 사업장 정리

사업장을 깔끔하게 정리해 조사관들로 하여금 "아, 이 회사는 정리정돈이 잘 된 것을 보니 세무정리도 비교적 잘 정리돼있겠군" 하고 생각할 수 있도록 첫인상을 심어주는 것이 좋습니다. 특히 책상 위나 소파, 탁자 등을 정리정돈해 오해의 소지가 있는 메모장들을 없애기 바랍니다.

3 조사장소 결정

세무조사를 사업장에서 받기 불편하다고 생각되면 과세관청의 조사실 또는 세무사사무소를 조사장소로 해달라고 조사관에게 요청할 수 있습니다. 조사관들도 특별히 사업장에서 조사해야 할 필요를 느끼지 않는다면 사업자의 요청을 기꺼이 받아들입니다.

4 비품준비

세무조사관들이 조사 중에 사용할 필기류, 메모장을 준비해 놓는 것이 조사관들에게 좋은 이미지를 심어줄 수 있습니다.

5 약간의 간식

약간의 차와 간식을 준비해 조사관들과 담소를 나누며 우호적 분위기를 만드는 것이 필요합니다.

> **Q** 세무조사 시 조사관들과의 대화는 어떻게 해야 하나요? 처음 당해 보는 것이라 두렵고 떨려서 어떻게 대응해야 할지 모르겠어요.
>
> **A** 세무조사관들도 우리와 똑같은 가정을 가지고 있습니다. 누군가의 남편이고 아내이며 부모이기도 합니다. 그러므로 긴장하지 말고 평정심을 갖고 조사관들을 대하시기 바랍니다. 세무조사 시 유의할 사항을 알려드리겠습니다.

1 친절하고 공손하게 대처하자

어떤 사업자들은 자기감정을 통제하지 못해 조사관들에게 막 화를 내는 사람들이 있습니다. 조사관들의 감정을 상하게 하는 것이 이득 될 게 없습니다.

2 불필요한 말 삼가라

대화 중 사업자의 불필요한 말이 세무조사의 단초를 제공하는 경우가 종종 있습니다. "우리 거래처는 자료 받기를 꺼려해서 아주 힘들어요"라며 사업자가 조사관에게 하소연했다고 하면 조사관은 "아, 이 업체는 무자료매출이 많을 수 있겠군" 하고 오해할 수 있다는 것입니다. 그러므로 조사관들과 대화 시 쓸데없는 말을 삼가야 할 것입니다.

3 휴식시간에 맛있는 다과를 준비하라

세무조사라는 것이 고도의 정신노동입니다. 조사관들도 지치기 마련입니다. 오후 3~4시경. 간단한 과일이나 빵, 음료를 준비해서 서로 휴식을 취하고 가벼운 일상의 대화를 나누며 우호적인 분위기를 만들 수 있도록 노력해야 합니다.

4 답변 자료는 신중하게 제출하라

조사관들은 그날그날 조사결과를 상급자에게 보고하기 때문에 일단 제출된 자료의 변경이라든가 취소가 매우 어렵습니다. 그러므로 조사관들이 자료제출을 요구할 때에는 최대한 시간을 확보해 세무전문가의 확인을 거쳐 제출하는 것이 좋습니다. 예를 들면 "조사관님 지금 서류를 찾고 있는데 오늘 중으로 찾아서 내일 아침에 제출하도록 하겠습니다" 하며 조사관들의 양해를 구하는 것이 좋습니다.

5 조사 시 쟁점에 대해 조사관과 싸우지 말라

조사쟁점에 대해 조사관과 싸워서 이기는 것이 반드시 좋은 것은 아닙니다. 조사관들은 실적을 내기 위해 다른 것을 더 상세히 조사할 수 있습니다. 그러므로 분명 잘못된 조사라고 확신이 든다 할지라도 나중에 얼마든지 정상적인 절차에 의해 바로잡을 수 있으니 조사관과 싸우지 마시기 바랍니다.

6 확인서 서명날인은 신중하게 하라

확인서에 서명날인 하게 되면 조사가 종결되므로 서명날인은 반드시 세무전문가의 자문을 거쳐 날인하는 것이 좋습니다.

Q 조사가 끝난 후에는 어떻게 대처해야 하나요?

A 조사종결 후 대처방안에 대해 말씀드리겠습니다.

1 과세예고통지

조사가 끝났으면 과세관청으로부터 과세예고통지서를 받게 됩니다. 그러면 과세내용에 대해 과세적부심사청구를 예고통지를 받은 날로부터 20일 내에 신청할 수 있습니다.

2 고지서 발부

적부심사 결과 과세관청에서 적부심사청구내용을 불채택하게 되면 고지서를 발부하게 됩니다. 고지서를 받고 사실과 다르거나 여타 이의사항이 있으면 고지서를 받은 날로부터 90일 이내에 이의신청이나 심사·심판청구를 할 수 있습니다. 받아들여지지 않을 경우 심판청구, 행정소송 등 조세불복절차를 밟을 수 있는데 유의할 사항은 신청이나 청구의 기일을 어기면 심리 없이 각하되므로 특히 주의를 요합니다.

3 고지서 받은 날로부터 90일이 지난 때

이때는 법적으로 보호받을 수는 없으나 과세관청에 고충청구를 하거나 국민권익위원회에 고충청구를 신청할 수 있습니다.

Q11 세무조사에서 세금이 발생하는 경우 가산세는 얼마나 나오나요?

1 가산세부과

납세의무가 있는 자가 세액의 신고, 납부에 대해서 불성실한 것이 파악되면 가산세가 부과됩니다. 국세기본법에는 세법에 따라 납부할 세액을 신고해야 할 세액보다 적게 신고한 경우 부정한 신고위반과 단순 신고위반으로 구분해 부정한 신고위반에 대해서는 가산세를 40%로 중과하게 돼있고, 당초 신고납부기한의 다음 날부터 자진납부일 또는 고지일까지의 기간에 대해 1일 0.025%(연이율 9.13%) 상당하는 금액을 미납부가산세로 추가 납부하게 돼있습니다.

또한, 수입금액을 누락시키거나 부실경비 및 가공원가 등을 손비로 계상한 경우 법인세의 추징은 물론 조세범처벌법에 의하여 처벌을 받을 수도 있으며 법인으로부터 그 상당금액을 가져간 사람(귀속불분명 시 대표자)에게는 상여 또는 배당금 등을 준 것으로 보고 이에 대한 소득세를 추가로 부담하게 됩니다.

2 가산세 감면

법정신고기한이 지난 후 2년 이내에 수정신고한 경우에는 일정 비율의 가산세를 감면해주고 있으나 이는 과소신고, 초과환급 신고가산세만 해당합니다. 또한, 과세표준과 세액을 경정할 것을 미리 알고 과세표준수정신고서를 제출한 경우에는 감면에서 제외됨에 따라 세무조사에 의해 부과되는 가산세는 감면 대상이 되기 어렵습니다.

3 무신고가산세

납세자가 해당 과세기간의 법정신고기한 내에 신고하지 않은 경우에는 산출세액 20%(허위증빙 또는 허위문서 등의 부정행위인 경우 : 40%)에 상당하는 금액을 납부하게 됩니다(국세기본법 47의2①).

4 과소신고가산세

소득이 있는 자가 법정신고기한까지 소득과세표준신고서를 제출한 경우로써 해당 과세기간의 다음연도 5월 1일부터 5월 31일까지 신고한 과세소득 과세표준이 신고해야 할 과세표준에 미달한 경우에는, 과소신고한 과세표준에 상당액이 과세표준에서 차지하는 비율을 과세표준 산출세액에 곱해 계산한 금액의 10%(허위증빙 또는 허위문서 등의 부정한 행위인 경우 : 40%)에 상당하는 금액을 납부할 세액에 가산하거나 환급받을 세액에서 공제합니다(국세기본법 제47의3①).

과소신고가산세

= 산출세액 × 과소신고과세표준 / 과세표준 × 10%(또는 40%)

5 납부불성실가산세

과세소득이 있는 납세자가 납부기한까지 소득세를 납부하지 않거나 납부한 소득세액이 납부해야 할 세액에 미달한 경우에는 다음의 산식을 적용해 계산한 금액을 납부할 세액에 가산하거나 환급받을 세액에서 공제합니다.

납부불성실가산세

= 납부하지 않은 세액(또는 미달한 납부세액) × 납부기한의 다음 날로부터 또는 자진납부일까지의 기간 × 2.5/10,000

6 가산금

납세자가 납세고지서를 받고서도 소득세를 납부하지 않으면, 체납된 소득세에 3%의 가산금이 부과되며, 체납된 소득세가 100만 원 이상인 경우에는 납부기한이 지난날부터 매 1개월이 지날 때마다 1.2%의 가산금이 5년 동안 부과됩니다.

7 가산세 한도

세법에서 부과되는 가산세 중 열거되는 일부 가산세에 대해서 그 의무위반의 종류별로 각각 5,000만 원(중소기업법에 따른 중소기업이 아닌 기업은 1억 원)으로 한도돼있습니다. 다만, 해당 의무를 고의적으로 위반한 경우에는 해당하지 않습니다. 세무조사에서 부과되는 신고불성실가산세와 납부불성실가산세는 한도가 없는 가산세입니다.

Q12
조세범으로 처벌되는 기준을 알고 싶어요!

　조세범처벌법이란 사기 등의 부정한 방법으로 조세를 포탈하거나 조세의 환급, 공제를 받은 자를 처벌하는 법입니다. 대법원 판례에서는 '사기 기타 부정한 행위라 함은 조세포탈을 가능하게 하는 사회통념상 부정이라고 인정되는 행위로서 조세의 부과징수를 불능 또는 현저하게 곤란하게 하는 위계, 기타 부정한 적극적인 행위를 말하고, 어떤 다른 행위를 수반함이 없이 단순히 세법상의 신고하지 않거나 허위의 신고 또는 고지하는 것은 부정행위에 해당되지 않는다'고 판시한 적이 있습니다.

　법에서는 '사기나 그 밖의 부정한 행위'란 다음 각 내용 중 어느 하나에 해당하는 행위로서 조세의 부과와 징수를 불가능하게 하거나 현저히 곤란하게 하는 적극적 행위를 말한다고 명시했습니다.

- ☑ 이중장부의 작성 등 장부의 거짓 기장
- ☑ 거짓 증빙 또는 거짓 문서의 작성 및 수취
- ☑ 장부와 기록의 파기
- ☑ 재산의 은닉, 소득·수익·행위·거래의 조작 또는 은폐
- ☑ 고의적으로 장부를 작성하지 않거나 비치하지 않는 행위 또는 계산서, 세금계산서 또는 계산서합계표, 세금계산서합계표의 조작
- ☑ 기업자원 관리설비의 조작 또는 전자세금계산서의 조작
- ☑ 그 밖에 위계(僞計)에 의한 행위 또는 부정한 행위

조세범처벌법에는 조세포탈, 무면허 주류제조, 원천징수의무 불이행, 세금계산서 관련범, 체납처분 면탈, 장부의 소각·파기, 성실신고 방해행위, 명의 대여, 현금영수증발급의무 위반 등의 여러 가지 처벌 관련 조항들이 나열돼있습니다.

법에 따르면 특소세, 교통세, 인지세를 제외한 국세를 탈루했을 경우 3년 이하의 징역이나 탈루세액의 3배 이하의 벌금을 부과할 수 있습니다. 또한 1년 평균 탈루세액이 연간 10억 원이 넘는 개인은 특정범죄가중처벌법 제8조(조세포탈의 가중처벌)에 따라 무기 또는 5년 이상의 징역에 처합니다. 특정범죄가중처벌법 8조는 조세범처벌법 위반자 중 탈루세액 등이 연간 5억 원 이상, 10억 원 미만인 때는 3년 이상 유기징역에 처합니다. 이 법의 공소시효는 보통은 7년이며 가중처벌 등의 중한 범죄행위에 대해서는 10년이 적용되고 있습니다. 관련 사례를 보겠습니다.

사례 1 · 가짜 세금계산서 발급

기사의 일부를 발췌한 내용입니다.

"수백억 원대의 가짜 세금계산서를 발급한 혐의(특정범죄가중처벌등에관한법률 위반)로 연모 씨를 구속기소했다고 밝혔다. 이와 함께 가짜 세금계산서 발행을 알선한 장모 씨 등 2명을 조세범처벌법 위반 혐의로 구속기소하고 16명을 같은 혐의로 불구속기소했다. 연 씨는 2012년 1월부터 2016년 1월까지 4년간 페이퍼컴퍼니를 운영하며 공급가액 합계 332억 원 상당의 허위세금계산서 등을 자영업자에게 발급한 혐의를 받는다"

사례 2 · 매출 누락

기사의 일부를 발췌한 내용입니다.

"서울중앙지법 형사합의28부는 특정범죄가중처벌법상조세및조세범처벌법 위반 기소된 유흥업주 박모 씨에게 징역 2년에 집행유예 4년 및 벌금 25억 원을 선고했다. 박 씨는 서울 강남구 역삼동에서 운영하던 유흥주점 두 곳의 매출을 축소 신고하고 145억여 원의 세금을 내지 않은 혐의로 구속기소됐고, 재판과정에서 **보석**으로 풀려났다"

사례 3 · 거짓세금계산서 수취

고비철 도소매업자인 A씨는 폐자원 수거 고물상인 B사로부터 세금계산서를 수취하지 않고 고비철을 매입했다. A씨는 이렇게 매입한 고비철을 제련공장에 판매했으나, 세금계산서를 수취하지 않았기 때문에 **부가가치세** 매입세액 공제를 받을 수 없는 걸 알게 됐다. 이에 A씨는 실물거래 없이 세금계산서만 발행하는 C자원, 속칭 '폭탄업체'로부터 고철을 매입한 것처럼 거짓 기재한 세금계산서를 수취해 부가가치세를 포탈했다.

국세청은 이들을 조세범처벌법에 따라 성실신고방해혐의로 검찰에 고발했다고 밝혔다.

세무조사에서 제외되는 경우가 있나요?

과거에 경제활성화 노력차원에서 이를 뒷받침하기 위해 일정 매출액 이하의 중소기업에 대해서는 세무조사를 면제한 경우가 있습니다. 매출액 1,000억 원 미만이면서 경기침체로 어려움을 겪고 있는 중소기업과 미래성장동력사업이나 문화콘텐트·지식기반·뿌리산업 등 경제성장견인사업에 해당하는 중소기업들이 면제됐습니다. 이들 기업은 세금 신고내용이 석연치 않은 경우에 진행하는 사후검증 대상에서도 제외됐습니다.

최근에도 한시적으로 일자리 창출기업에 대해서는 세정지원 차원에서 세무조사를 면제해주고 있습니다. 중소기업이 상시근로자 수를 직전연도 대비 일정 비율(최소 1명 이상) 이상 증가시킬 계획이 있거나, 일자리창출계획서를 제출하고 그 계획을 이행하는 경우에는 세무조사를 면제해줍니다.

가족친화기업, 일자리창출우수기업 등을 세무조사에서 제외한 사례도 있습니다. 가장 잘 알려진 예로는 다음의 모범납세자의 세무조사 유예가 있습니다.

> **사례 | 모범납세자의 세무조사 유예사례**
>
> 납세자의 날에 훈장 등 정부 포상·국세청장표창 이상 수상자는 포상일로부터 3년간(지방국세청장·세무서장표창 수상자는 2년) 유예됩니다.
>
> ☑ 수출 및 신기술개발사업 유공으로 국무총리표창 이상의 정부 포상을 받은 수상자를 산업통상자원부 장관으로부터 추천 받아 국세청장이 모범납세자로 선정한 경우 선정일로부터 2년간 유예됩니다.
>
> ☑ 노사문화우수기업 인증사업자 또는 고용노동부장관상 이상을 받은 노사문화대상기업을 고용노동부장관으로부터 추천 받아 국세청장이 모범납세자로 선정한 경우 선정일로부터 1년간(대통령·국무총리상을 받은 노사문화대상 기업은 2년) 유예합니다.
>
> ☑ 세무조사결과 성실하게 신고한 것으로 인정돼 '조세모범납세자'로 선정된 납세자는 5년간 정기세무조사선정 대상에서 제외됩니다. 다만, 모범납세자로 선정된 후 탈세사실이 들통나 논란이 된 경우도 있습니다. 2009~2013년 사이 모범납세자상을 받은 납세자 중 105명이 탈세로 국세청 세무조사를 받고 3,631억 원의 가산세를 물었습니다.

세무조사를 받고 결과가 억울하다면 어떻게 하면 될까요?

사전적권리구제제도와 사후적권리구제제도로 구별할 수 있습니다.

1 사전적권리구제제도

- **과세전적부심사제도**

  과세전적부심사제도란 정식의 국세처분을 받기 전에 납세자의 청구에 의해 그 국세처분의 타당성을 미리 심사하는 제도를 말합니다. 이는 과세처분 전 단계에서 납세자의 권리를 공정하고 신속하게 보호·구제하고자 마련된 사전적권리구제절차로서 의의가 있습니다.

- **청구요건**

  과세전적부심사 청구적격자는 세무조사결과에 대한 서면통지 및 과세예고통지를 받은 납세자입니다.

- **청구 대상**

  세무조사결과에 대한 서면통지를 받은 자는 통지를 받은 날부터 30일 이내에 통지를 한 세무서장이나 지방국세청장에게 통지 내용의 적법성에 관한 심사를 청구할 수 있습니다. 다만, 법령과 관련해 국세청장의 유권해석을 변경해야 하거나 새로운 해석이 필요한 경우 등 대통령령으로 정하는 사항에 대해서는 국세청장에게 청구할 수 있습니다.

- **청구 대상 제외**

  다음 내용 중 하나에 해당하는 경우에는 청구 대상에서 제외됩니다.

  - ☑ 국세징수법 제14조에 규정된 납기 전 징수의 사유가 있거나 세법에서 규정하는 수시부과의 사유가 있는 경우
  - ☑ 조세범처벌법 위반으로 고발 또는 통고 처분하는 경우
  - ☑ 세무조사결과 통지 및 과세예고 통지를 하는 날부터 국세부과 제척기간의 만료일까지의 기간이 3개월 이하인 경우
  - ☑ 그 밖에 대통령령으로 정하는 경우

- **과세적부심사 조기결정 신청**

  세무조사결과에 대한 서면통지 및 과세예고 통지를 받은 자는 과세전적부심사를 청구하지 않고 통지한 세무서장이나 지방국세청장에게 통지 받은 내용의 전부 또는 일부에 대해 과세표준 및 세액을 조기에 결정하거나 경정결정해 줄 것을 신청할 수 있습니다. 이 경우 해당 세무서장이나 지방국세청장은 신청받은 내용대

로 즉시 결정이나 경정결정을 해야 합니다. 이는 세액 등의 결정 지연에 따른 납세자의 부담을 해소하고자 함입니다.

2 사후적권리구제제도

• 국세기본법에 따른 심사청구

국세기본법 또는 세법에 따른 처분으로서 위법 또는 부당한 처분을 받거나 필요한 처분을 받지 못해 권리나 이익을 침해당한 자는 먼저 국세청장에게 심사청구를 하거나 조세심판원장에게 심사청구를 해 구제받을 수 있습니다. 그러나 납세자는 국세청장에게 심사청구를 하기에 앞서 해당 처분을 했거나 했어야 할 세무서장이나 지방국세청장에게 이의신청을 할 수 있습니다. 이는 임의적인 절차입니다.

• 감사원법에 따른 심사청구

감사원의 감사를 받는 자의 직무에 관한 처분 기타 행위에 관해 이해관계 있는 자는 감사원에 심사청구를 할 수 있고, 그 심사청구에 이유가 있다고 인정되면 감사원은 관계기관의 장에 대해 시정 기타 필요한 조치를 요구하는 결정할 수 있으며, 관계기관의 장은 그 결정에 따른 조치를 해야 합니다.

• 행정소송

행정소송은 행정소송법 제20조에도 불구하고 심사청구 또는 심판청구에 대한 결정의 통지를 받은 날부터 90일 이내에 제기해야 합니다. 다만, 제65조 제2항 또는 제81조에 따른 결정기간에 결정의 통지를 받지 못한 경우에는 결정의 통지를 받기 전이라도 그 결정기간이 지난날부터 행정소송을 제기할 수 있습니다.

세무조사 법인

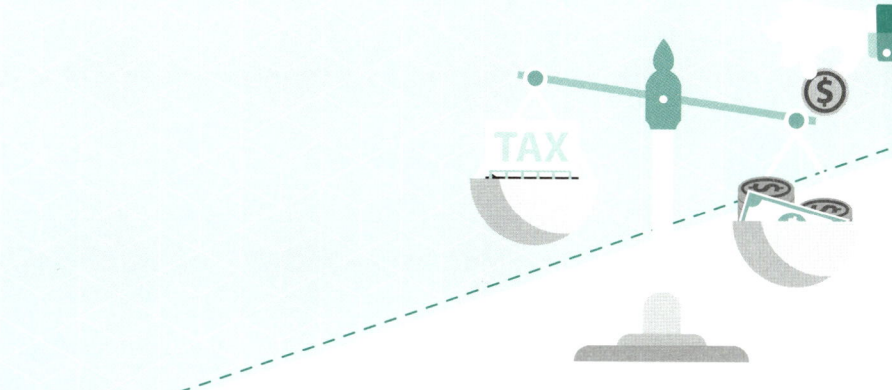

01 사원에게 주택을 저가분양해도 세무조사를 받나요?
02 가지급금과 가수금이 많으면 세무조사를 받나요?
03 최근 법인세조사 시 빈번한 추징사례를 알고 싶어요!
04 중소기업이 주식 증자를 해도 세무조사하나요?
05 명의신탁 주식 세무조사를 한다는데 무슨 얘기인가요?
06 주식을 팔아도 세무조사 대상이 될 수 있나요?
07 건설업, 해외자회사의 세무조사에는 어떤 사례가 있나요?
08 분식회계가 뭔가요?

사원에게 주택을 저가분양해도 세무조사를 받나요?

Q 회사가 사원용 주택을 신축하면서 주택의 일부는 사원에게 분양하고 일부는 일반인에게 분양했습니다. 사원들에게는 복지차원에서 일반인들에 비해 저가로 분양했습니다. 세무상 문제가 되나요? 세무조사를 받을 수 있나요?

A 네, 사원들에게 저가분양을 하고 저가분양된 금액으로 수입금액을 신고했다면 세무조사를 받을 수 있습니다.

Q 아니, 다른 사람도 아니고 사원들에게 회사가 저가 분양을 한 것이 세무상 어떤 문제가 되는지 이해되지가 않습니다.

A 세법은 특수관계인과의 거래로 인해 그 법인의 소득에 대한 조세의 부담을 부당히 감소시킨 것으로 인정되는 경우에는 그 법인의 행위 또는 소득금액의 계산에 관계없이 그 회사의 각 사업연도의 소득금액을 계산할 수 있다'라고 규정하고 있습니다. 그래서 회사가 사원에게 저가분양한 행위를 부당행위로 보고 시가와 차액을

부당한 소득으로 판단해 과세하는 것입니다.

Q 사원용 주택 저가분양이 구체적으로 어떻게 과세되는지 알고 싶습니다.

A 회사는 정상적인 분양가와 사원분양가의 차이금액을 부당소득으로 보아 회사의 수익에 가산해 세금을 과세합니다. 사원들에게는 회사로부터 상여금을 지급받은 것으로 보아 종합소득세를 과세하게 됩니다. 보통 세무조사는 행위가 발생한 후에 2~3년 후에 실시하므로 신고불성실가산세와 납부불성실 가산세를 더불어 부담하게 됩니다. 사원에게 저가분양한 것에 대해 대수롭지 않게 생각하다가 뜻하지 않게 어마어마한 세금폭탄을 맞게 됩니다.

Q 그러면 특수관계인이 아닌 타인에게 저가분양을 하면 어떻게 되나요?

A 특수관계인이 아니면 전혀 상관없습니다. 회사가 손해를 보고 저가로 팔든 말든 그것은 회사가 결정하기 나름입니다.

Q 특수관계인 간의 거래는 정말 조심해야겠네요.

A 그렇습니다. 특수관계인 간의 거래에 대해서는 세무조사 시 세금이 추징된 사례가 헤아릴 수 없을 정도로 많습니다. 그러므로 특수관계인 간의 거래에 대해서는 반드시 조세전문가의 자문을 거쳐서 행위를 해야 합니다.

Q 사원용 주택 저가분양사례 말고 다른 사례를 알고 싶어요.

A 최근 사회적 이슈가 됐던 특수관계법인에 일감몰아주기도 부당행위로 보아 세무조사 시 세금이 추징됩니다. 수혜를 받은 법인의 특수관계주주에게 혜택 받은 금액을 계산해 증여세를 부과합니다. 특수관계회사로부터 원자재나 기타 상품을 고가로 구입해도 부당행위로 보아 세금을 추징합니다. 불균등증자도 부당행위에 해당합니다. 예를 들면 자본금 1억 원인 법인이 4억 원을 증자해 자본금이 5억 원이 되었다고 가정하겠습니다. 그런데 증자 시 법인의 모든 주주가 함께 증자한 것이 아니고 일부 주주만 증자에 참여했다고 하면 부당행위에 해당합니다. 증자에 참여해서 이익을 얻은 주주에게 증여세를 부과합니다.

우리나라 최대 재벌인 삼성그룹의 에버랜드사례가 아주 좋은 사례입니다. 증자에 참여했던 재벌3세가 자본증자로 엄청난 이익을 챙기면서 경영권도 확보한 사례입니다. 삼성은 당시 세법에 위배되는 일을 하지 않았기 때문에 탈세한 것은 아니라고 주장했지만 일반국민들로부터 엄청난 사회적 지탄 받았습니다. 삼성의 에버랜드 증자 사건 이후에 세법이 개정돼 불공정증자도 부당행위로 보고 증여세를 과세하게 된 것입니다. 부동산 임대 시에도 부당행위가 적용될 수 있습니다. 가령 부모의 땅을 아들이 무상으로 사용한다거나 저가로 대가를 지불한다면 부당행위로 보아 세법에서 정한 금액을 토지 무상사용이익으로 보아 증여세를 과세하게 됩니다. 그 외에도 부당행위사례는 아주 많이 있습니다. 그러므로 특수관계인 간 거래는 반드시 전문가의 자문을 구할 것을 다시 강조드립니다.

Q 특수관계인 간 거래는 정말 조심해야 겠군요. 그런데 특수관계인이란 구체적으로 어떤 관계를 의미하는 것인지 알고 싶어요.

A 네, 아주 중요한 질문입니다. 특수관계인이란 다음의 관계에 해당하는 경우를 말합니다.

사례 2 특수관계인

- ☑ 임원의 임면권의 행사, 사업방침의 결정 등 당해 법인의 경영에 대해 사실상 영향력을 행사하고 있다고 인정되는 자(상법 제401조의 2 제1항의 규정에 의해 이사로 보는 자를 포함한다)와 그 친족(2005.02.19 법명개정)

- ☑ 주주 등(소액주주 등을 제외한다. 이하 이 관에서 같다)과 그 친족(2002.12.30 개정)

- ☑ 법인의 임원·사용인 또는 주주 등의 사용인(주주 등이 영리법인인 경우에는 그 임원을, 비영리법인인 경우에는 그 이사 및 설립자를 말한다)이나 사용인 외의 자로서 법인 또는 주주 등의 금전 기타 자산에 의해 생계를 유지하는 자와 이들과 생계를 함께 하는 친족(1998.12.31 개정)

- ☑ 해당 법인이 직접 또는 그와 제1호부터 제3호까지의 관계에 있는 자를 통하여 어느 법인의 경영에 대해 지배적인 영향력을 행사하고 있는 경우 그 법인(2012.02.02 개정)

- ☑ 해당 법인이 직접 또는 그와 제1호부터 제4호까지의 관계에 있는 자를 통해 어느 법인의 경영에 대해 지배적인 영향력을 행사하고 있는 경우 그 법인(2012.02.02 개정)

- ☑ 당해 법인에 100분의 30 이상을 출자하고 있는 법인에 100분의 30 이상을 출자하고 있는 법인이나 개인(2012.02.02 개정)

- ☑ 당해 법인이 독점규제및공정거래에관한법률에 의한 기업집단에 속하는 법인인 경우 그 기업집단에 소속된 계열회사 및 그 계열회사의 임원(2005.02.19 법명개정)

가지급금과 가수금이 많으면 세무조사를 받나요?

Q 가수금과 가지급금은 어떤 경우에 발생하나요? 은행과 신용평가기관 등은 가수금과 가지급계정을 아주 싫어하던데요.

A 가지급금은 법인의 결산 시에 현금이 부족한 경우에 발생하는 계정과목입니다. 이해를 돕기 위해 예를 들겠습니다. 매출액 1억 원으로 원재료를 5,000만 원 어치 구입하고 3,000만 원은 임차료, 인건비 등 회사의 제경비로 사용했다고 가정하겠습니다. 그러면 1억 원에서 원재료구입액 5,000만 원과 제경비 지출액 3,000만 원을 공제하면 회사통장에 2,000만 원이 남아 있어야 합니다. 그런데 결산 시에 확인해보니 회사통장에 예금잔액이 1,000만 원밖에 남아있지 않습니다. 2,000만 원이 남아 있어야 하는데 예금잔액이 1,000만 원 밖에 없으니 어떻게 할까요?

이런 경우에 장부상 현금부족액 1,000만 원을 가지급금계정으로 처리합니다. 가수금의 사례도 들어보겠습니다. 마찬가지로 매출을 1억 원하고 원재료를 5,000만 원 어치 구입하고 인건비 등을

3,000만 원 어치 지급했다고 가정하겠습니다. 장부상 통장에 예금잔액이 2,000만 원이 남아 있어야 정상인데 통장에 4,000만 원이 있다고 가정하겠습니다. 이런 경우 결산 시에 통장에 과다하게 남아있는 예금잔액을 가수금계정으로 처리합니다.

Q 가지급이 통장상의 현금부족액이라고 하는데 왜 통장상 현금부족액이 발생하는 건가요?

A 대표이사가 회사 돈을 빼가든지 회사직원들이 영업비 등을 지출하고 기밀유지를 위해 장부상에 기록을 회피하는 경우에 현금부족액이 발생할 수 있습니다. 거래를 위해 리베이트를 많이 지급하는 회사가 영업기밀상 장부상에 비용으로 계상하지 못하는 경우에 가지급이 많이 발생할 수 있습니다.

Q 그러면 현금부족액인 가지급금에 대해 세무상 어떤 처분을 받게 되나요?

A 가지급금액에 대해 세법이 정하는 금액을 인정이자로 보아 세금을 과세합니다. 대표자 등이 회사자금을 빌려간 것으로 보아 이자계산을 해 법인의 수입금액으로 계산하고 인정이자계산 금액을 상여처분해 대표자의 종합소득에 합산해 소득세를 과세합니다. 뿐만 아니라 은행차입금이 있어서 지급이자가 발생하는 경우에 세법이 정하는 공식에 의해 은행에 대한 지급이자를 일정 부분 비용으로 공제받지 못합니다.

Q 가지급금액이 많으면 세무조사를 받게 되나요?

A 가지급금이 회사규모나 사회통념상 지나치게 많이 계상돼 있을 경우에 세무조사를 받을 수 있습니다. 그러므로 가지급의 원인을 분석해 장부상에 가지급이 과다하게 계상되지 않도록 주의해야 될 것입니다.

Q 가수금은 법인의 통장상에 현금이 과다하게 남아 있는 것이라 했는데 어떤 경우에 통장상 현금이 과다하게 남아 있게 되나요?

A 한 가지 예를 들면 거래처에 매출을 하고 통장에 현금이 입금되었는데 상대방이 매출세금계산서 발행을 요구하지 않는 경우가 있습니다. '나는 매입세금계산서가 필요없다'고 하거나 굳이 '세금계산서를 수령하면서 부가가치세를 부담하고 싶지 않다'라고 하면서 통장에 부가가치세를 제외한 금액을 입금하는 경우가 있을 수 있습니다. 세금계산서를 발행할 수 없는 공급자는 통장에 돈은 입금됐지만 상대방이 계산서발행을 원치 않으니, 매출신고를 누락하는 것입니다. 매출로 신고된 것 보다 통장에 돈이 많으니 이러한 경우 부득이 가수금계정과목으로 처리하는 것입니다.

Q 통장에 돈이 입금되었는데 매출신고를 안하면 어떻게 되나요?

A 가수금계정 금액에 대해 세무조사 시 적발됐다면 매출 누락금액에 대해 세금을 추징하게 됩니다. 신고불성실가산세와 납부불성실가산세를 적용받게 되며 자금의 출처를 밝힐 수 없다면 대표자 상여처분까지 받게 되므로 세금폭탄을 맞게 된다고 말할 수 있습니다.

그러므로 매출 누락을 하는 일은 절대로 없어야 하겠습니다. 정상적으로 매출신고를 하고 합법적으로 절세할 수 있는 방법을 찾는 것이 현명한 처신이라고 하겠습니다.

결론적으로 말씀드리면, 회계처리를 투명하게 해 가지급금과 가수금이 발생되지 않도록 해야 할 것입니다.

최근 법인세조사 시 빈번한 추징사례를 알고 싶어요!

Q 법인으로 사업을 운영하고 있습니다. 세무조사를 받은지 상당히 오래돼서 최근에는 세무조사를 어떤 방식으로 하나요?

A 법인세 세무조사 시 여러 가지 사유가 있지만 그중에서 특히 법인이 실수하기 쉬운 몇 가지 사례를 소개시켜 드리겠습니다.

첫 번째, 정규증빙 없이 가공으로 비용을 계상한 사례입니다.

예를 들면 실제로 지급하지 않은 노무비 등을 비용으로 계상하는 방식입니다. 정규증빙 없이 가공으로 경비를 계상하는 행위는 매우 위험한 탈세방법입니다. 사실 과거에는 정규증빙 없이 일정액의 가공경비를 계상하는 것이 기업의 관행처럼 통용되던 시절이 있었습니다. 그러나 차세대 전산시스템을 도입한 국세청에서는 적격증빙수취금액과 기업이 비용계상한 금액을 크로스 체크해 증빙 없이 비용계상한 금액을 적출해 세무조사 시 활용하고 있습니다.

Q 적격증빙이 무슨 말인가요?

A 적격증빙이란 국세청에서 인정하는 적법한 증빙서류를 의미하는데 세금계산서, 계산서, 신용카드를 통틀어서 적격증빙이라고 합니다. 적격증빙을 통해 거래하면 국세청에 자동으로 통보되기 때문에 국세청에서는 거래의 투명성을 확보하기 위해 납세자가 거래를 할 때는 반드시 적격증빙을 수취할 것을 강제하고 있습니다. 적격증빙 수취를 강제하기 위해 미수취 시에는 미수취가산세규정을 둬 납세자에게 패널티를 가하고 있는 것입니다.

Q 정규증빙수취액과 법인이 비용으로 계상한 금액과의 차이금액을 전부 가공비용으로 본다는 말인가요?

A 그렇지는 않습니다. 적격증빙수취액과 법인이 비용으로 계상한 금액과의 차이가 큰 법인은 세무조사에 선정될 가능성이 커지게 됩니다. 세무조사 시에 그 차이금액에 대해 적격증빙을 수취하지 못한 사유를 입증하면 됩니다.

Q 또 다른 세무조사사례를 알고 싶어요.

A 최근에 법인카드를 사적 또는 접대용으로 사용하고 복리후생비 등 타 계정으로 분산해 법인세를 탈루하는 사례가 적발되고 있습니다. 예를 들면 법인의 임직원들이 경영관리상의 단합 등을 이유로 골프장을 이용하고 비용으로 계상한다거나 세미나, 회비, 연수비 등을 과다하게 계상하는 사례가 빈번하게 발견되고 있습니다. 국세청 세무조사 시 임직원들의 골프장 사용료를 해당 임직원에 대한

상여금으로 해석해 과세하고 있습니다. 또한 과다하게 계상한 회의비 등에 대해 사회통념상 과다하게 계상한 금액을 접대비로 간주해 한도초과액을 손금불산입해 법인세를 과세하고 있습니다.

Q 법인세조사 시 비용을 부인하면 법인세고지서 말고도 종합소득세 고지서가 또 나오고 그리고 4대보험료까지 추가납부하게 되던데, 왜 그런가요?

A 법인이 계상한 비용을 세무조사 시에 손금불산입하게 되면 손금불산입 금액에 대해 소득처분을 하게 돼있습니다. 비용계상부인된 금액이 대표자를 위한 비용이었다고 간주되면 대표자 상여처분을 하게 됩니다. 대표자 상여처분을 하면 법인세추징과 더불어 대표자의 종합소득이 증가돼 대표자의 종합소득세를 추가징수하게 됩니다.

뿐만 아니라 대표자의 4대보험료까지 추가 납부하게 됩니다. 그러므로 법인세 조사 시 비용을 부인당한다 하더라도 대표자를 위한 지출이 아니었다고 확인돼야 대표자의 종합소득세와 4대보험료가 추가로 과세되지 않습니다.

Q 그 외 최근에 이슈가 되는 세무조사사례가 있나요?

A 최근에 사회부유층들이 2~3억 원짜리 고가외제차를 법인카드로 구입해 법인세신고 시 감가상각을 통해 비용으로 공제받은 사례가 사회적 이슈가 됐습니다. 그래서 정부에서는 법인의 차량감가상각에 대해 엄격한 규정을 신설했습니다. 예를 들면 법

인의 임직원용으로 자동차 등록과 보험가입을 해야 하고 자동차 운행일지를 작성해야 하는 등 까다로운 규정을 신설했습니다. 향후 세무조사 시 법인의 고가차량 구입과 감가상각비 계상액에 대해 강도 높은 조사가 예상되고 있습니다.

중소기업이 주식 증자를 해도 세무조사하나요?

중소기업의 주식 양도

만성적 기업 애로사항
- 명의신탁 주식 실소유자 환원
- 중소기업의 가업승계

↑ 전향적으로 개선

Q 몇 년 전에 과세관청에서 중소기업 대표들을 대상으로 설문조사를 했습니다. 우리나라에서 중소기업을 경영하며 가장 큰 애로사항이 무엇입니까? 여러분! 어떤 답이 나왔을까요?

A 네, 가장 많이 나온 답이 중소기업의 주식에 관한 세무조사였습니다. 구체적으로 명의신탁 주식 실소유자 환원, 중소기업의 가업승계였다고 합니다.

Q 중소기업의 주식을 증자할 때도 세금문제가 발생하나요?

회사에 자본금이 필요해 개인 돈을 회사에 입금하는 것인데 무슨 세금문제가 발생하나요? 그리고 주식을 양도할 때는 주식 가액이 상장돼 공시되는 것도 아니고 그냥 양도양수가액을 액면가액대로 기재해 세무서에 신고하면 되는 것 아닌가요?

A 세금문제를 고려하지 않고 증자하거나 중소기업의 주식을 액면가액으로 양도했다고 세무서에 신고했다가는 그야말로 세금폭탄을 맞습니다.

Q 어떻게 세금폭탄을 맞는다는 것이죠?

A 필자가 사례를 들어 중소기업의 주식 문제와 관련된 세금폭탄사례를 설명하겠습니다.

> **사례**
>
> 먼저 제가 잘 알고 지내고 있는 중소기업 최 대표님의 사례입니다. 최 대표님은 2004년도에 자본금 1억 원으로 법인을 설립해 13년째 중소기업을 열정적으로 운영해 오고 계십니다. 그러다가 2013년 증자의 필요성을 느끼고 총자본금을 5억 원으로 해 4억 원을 증자를 실행했습니다.
>
> 은행 등 대외신인도 측면에서 많은 중소기업이 증자를 하고 있지 않습니까?
>
> 최 대표님은 증자에 대해서는 아무런 세금에 대한 생각을 하지 않고 있었는데 갑자기 관할세무서에서 1.5억 원의 증여세 고지서가 날라왔습니다.
>
> 깜작 놀란 최 대표님이 해당세무서 측에 "아니 증자를 했을 뿐인데 무슨 세금고지를 한단 말입니까?" 하고 전화문의를 했습니다.
>
> 담당자의 말이 최 대표님의 법인주주는 4인으로 구성돼있는데 최 대표님이 단독으

로 추가 출자해 주식을 증자했기 때문에 불균등증자에 해당됩니다. 4억 원 증자하고 회사의 총재산가치의 대부분의 소유권을 갖기 때문에 기존주주가 최 대표에게 회사총재산가치를 증여한 것으로 본다는 것입니다.

증여세법의 증여의제에 해당돼 어쩔 수 없다는 답변이었습니다. 세법에 명확히 기술되어 있어서 어쩔 수 없다는 담당자의 설명을 듣고 최 대표님은 세금을 내고 말았습니다. 세금을 내고서 너무나 억울해서 여러 전문가를 찾아다니며 자문을 구한 결과 관할세무서에 납부한 세금을 돌려받게 됐습니다.

어떻게 기납부한 세금을 관할세무서에서는 최 대표님께 돌려줬을까요?

최 대표님은 주주명부에 명의를 여러 명의 주주로 기재해놨을 뿐 실제 주주는 최 대표 1인 주주임을 국민권익위원회에 탄원하게 됐습니다.

하도 오래전의 일이라 근거서류가 완벽하게 구비돼있지 않았지만, 당시 법인의 설립자본금 1억 원을 최 대표 1인이 납부했다는 정황을 은행통장, 명의상주주의 인감증명, 확인서 등을 제출해 국민권익위원회에 제출했습니다. 그 결과 국민권익위원회는 관할세무서에 본건은 억울한 과세에 해당하니 재조사할 것을 권고시정했습니다.

비상장기업의 대주주가 주식을 양도할 때는 세율이 20%이고 일반주주가 양도하면 세율이 10%이므로 정상적인 양도의 경우에 절세를 하려면 지분변경을 통해 대주주에서 벗어나는 것도 하나의 좋은 방법일 것입니다.

명의신탁 주식 세무조사를 한다는데 무슨 얘기인가요?

Q 명의신탁 주식은 뭔가요?

A 주식의 명의에 있어서 실제의 소유자와 주식의 명의자가 다른 경우를 말합니다. 주식의 소유명의가 수탁자에게 이전되지만, 이러한 수탁자는 외관상 소유자로 표시될 뿐이고 그 재산을 관리·처분할 권리의무를 가지지 않습니다. 이처럼 실제 소유자의 명의가 아닌 제3자의 명의(친척, 직원, 친구 등)를 빌려 실소유주와 주주명부상 소유자가 다른 경우를 의미합니다.

Q 몇 년 전에 과세관청에서 중소기업 대표들을 대상으로 설문조사를 했습니다. 우리나라에서 중소기업을 경영하면서 가장 큰 애로사항이 있다면 무엇입니까? 여러분! 어떤 답이 나왔을까요?

A 네, 가장 많이 나온 답이 중소기업의 주식에 관한 세무조사 걱정이었습니다. 구체적으로 명의신탁 주식 실소유자 환원문제였다고 합니다.

Q 명의신탁 주식 실소유자 환원이 무슨 말이에요?

A 네. 주식 회사 법인을 설립할 때 실제 투자자가 아닌 가공인물을 내세워 주주명부에 기재해 법인설립 시 과세관청에 신고한 경우 주식의 명의신탁에 해당합니다.

Q 무슨 이유로 주식을 명의신탁 하는 것인가요?

A 과거에 주식 회사를 설립하려면 상법에 발기인제도라는 것과 자본금은 최소 5,000만 원 이상이어야 한다는 규정이 있었습니다. 4인 이상 발기인이 있어야 하고 최소 자본금 5,000만 원은 있어야 주식 회사인 법인설립을 할 수 있었습니다. 그런데 우리나라 거의 모든 중소기업 주식 회사들이 실제 1인 대표 기업들로 이뤄져있습니다. 말만 주식 회사이지 실제로는 대표 1인이 소유와 경영을 독점하는 구조로 돼있습니다.

최초 법인 설립 시 발기인제도 요건을 충족하려고 직원들의 명의를 빌려 주주명부에 직원들을 마치 투자자인 주주인양 기재해 과세관청에 법인설립신고를 했던 것이죠? 자본금 5,000만 원은 사채업자로부터 돈을 빌려서 통장에 입금한 후 법인설립등기 이후에 바로 출금해 사채업자업자에게 상환하는 편법이 성행했었습니다. 발기인제도와 자본금충족규정이 모두 편법으로 운영돼 왔던 것입니다. 최근에 상법 개정으로 발기인제도와 자본금충족요건이 자율화됐습니다.

Q 직원명의 명의신탁 주식이 어떤 문제점이 있나요?

A 법인 설립 후에 회사가 성장을 거듭해 회사가치(자본금)가 5,000만 원에 불과하던 법인이 수십 억 내지는 수백 억에 달하는 큰 규모의 법인으로 성장했다고 가정해 봅시다. 설립 당시에 1주당 5,000원 정도에 불과하던 주식 가치가 회사가 성장한 후에는 1주당가액이 수십만 원에 달하는 경우가 비일비재하게 발생합니다. 그랬을 때 과거에 직원명의로 명의신탁 해 뒀던 쟁점 주식에 대해 당사자인 명의상의 주주인 직원이 대표에게 "사장님! 제가 급하게 돈이 필요합니다. 제 주주지분에 대해 현금으로 정산해주세요"라고 요구한다면 어떻게 될까요? 대표 입장에서는 상상만 해도 머리가 복잡해질 것입니다.

"이 사람아! 자네가 언제 이 회사에 투자했어. 이 회사는 내꺼야!"
"아니, 사장님 무슨 말씀 하십니까? 주주명부에 분명히 제이름이 들어가 있지 않습니까?"

이렇게 명의신탁 해 놓은 주식에 대해 직원이 지분요구를 한다면? 복잡한 민사소송에 시달리게 될 것입니다. 그래서 중소기업 대표들이 애로사항 1번으로 중소기업의 명의신탁환원을 요구하게 된 것입니다.

Q 그러면 지금이라도 직원명의 주식을 대표 명의로 바꾸면 되는 것 아닌가요?

A 그렇게 간단한 문제가 아닙니다. 직원명의 주식을 대표명의로 바꾸게 되면 엄청난 증여세나 양도소득세를 부담하게 됩니다. 액면

가 5,000원과 현재의 가치 수십억 원의 차이금액에 대해 양도소득으로 보게 되거나 또는 현재의 가치를 무상으로 증여 받은 것이 됩니다.

Q 세금부담 없이 명의를 환원할 수 있는 좋은 방법이 있을까요?

A 네, 최근에 국세청에서는 중소기업 대표들의 건의사항을 전향적으로 받아들였습니다, 간소한 확인절차를 걸쳐서 발기인제도로 인해서 직원명의로 명의신탁한 주식을 대표에게 환원할 수 있도록 관련지침을 공문으로 일선기관에 하달했습니다. 그러므로 발기인제도로 인해 부득이하게 직원명의로 주식을 명의신탁하고 고민하는 대표가 계신다면 적극적으로 명의신탁 주식 환원을 시도해보시기 바랍니다.

Q 명의신탁 주식은 왜 발생하는 건가요?

A 주식을 50%를 초과해 소유하게 되면 과점주주가 됩니다. 이러한 과점주주에게는 취득세 납부의무가 발생하는 데 이를 회피하는 과정에서 명의신탁이 발생합니다. 세법상 과점주주가 되면 회사명의의 자산에 대해서 추가적인 취득세 납부의무가 발생합니다. 이를 피하기 위해 명의신탁하는 경우가 종종 있습니다.

Q 명의신탁 주식은 어떤 세금문제가 있는 건가요?

A 첫 째, 실제소유자가 명의자에게 해당 주식을 증여한 것으로 봅니다. 그럼에 따라 증여세의 문제가 발생합니다. 타인에게 주식을 줬으므로 증여세 문제가 발생합니다. 주식 배당금의 경우 해당 금액이 배당 아니면 증여인지도 문제가 됩니다. 배당금액이 일정금액 이상이면 종합소득세에 합산해 계산하게 되는데 이러한 세금도 적게 납부한 것이 확인되면 해당 세금도 추징합니다.

둘 째, 과점주주의 문제입니다. 주주의 주식 보유비율이 50%를 초과하는 과점주주에 대해서는 간주취득세가 발생합니다. 이러한 것을 피하기 위해 임의로 타인에게 명의를 넘겨서 의도적으로 세금을 낮추려는 경우 세무조사 대상이 됩니다.

Q 어떻게 해야 하나요?

A 명의신탁 주식 실소유자 확인제도가 있습니다. 이 제도를 통해서 명의신탁 주식의 실소유자가 누구인지 미리 신고함으로써 법적 다툼의 문제나 세법상의 문제를 해결해야 합니다.

주식을 팔아도 세무조사 대상이 될 수 있나요?

주식은 크게 상장 주식과 비상장 주식으로 나눌 수 있습니다. 상장 주식과 비상장 주식의 세금에 대해서 설명하고 어느 부분에서 주로 세무조사 대상이 되는지 설명하겠습니다.

1 상장 주식

상장 주식 거래의 경우 주식을 팔게 되면 증권거래세 0.15%, 농어촌특별세 0.15%가 과세됩니다. 이는 손해보고 팔더라도 과세되는 세금입니다. 증권회사를 통하지 않고 주식을 양도하는 경우 판 사람이 증권거래세를 세무서에 직접 납부해야 하며 이렇게 장외로 거래하게 되면 매도대금의 0.5%의 증권거래세가 부과됩니다. 예외적으로 액면가 미만의 가격으로 증권거래소를 통해 매각을 하는 경우 세금이 붙지 않습니다. 선물옵션, ELW, ETF 등도 증권거래세 대상이 아닙니다.

구분	증권거래세	농어촌특별세	총 부담세율
유가증권시장	0.15%	0.15%	0.3%
코스닥시장	0.3%	–	0.3%
프리보드시장 단주거래 장외거래	0.5%	–	0.5%

일반 개인들의 경우 상장 주식의 주식 거래는 주로 증권거래소를 통해서 이뤄지며 매매차익에 대한 세금은 없습니다. 상장 주식의 거래에서 주식 양도세는 대주주에게만 부과되고 있습니다.

[상장 주식 대주주의 범위]

구분	현재		개정안	
	지분율	종목별 보유액	지분율	종목별 보유액
유가증권시장	1%	15억 원	1%	10억 원
코스닥시장	2%	15억 원	2%	10억 원
코넥스시장	4%	10억 원	4%	10억 원

* 개정안은 2020. 4. 1. 이후 양도하는 분부터 적용

2 비상장 주식

비상장 주식의 매도 시에는 주식에 대한 양도소득세가 과세됩니다. 세율은 다음과 같습니다.

☑ 중소기업 : 대주주 20%, 그외의 주주 10%
☑ 중소기업 외 : 일반세율 20% 다만, 대주주 1년 미만 보유 시 30%

비상장 주식 대주주의 범위는 지분율 4% 또는 종목별보유액 15억 원 이상입니다
(보유액은 2020.4.1. 이후 양도하는 분부터는 10억 적용).

3 주식 보유 중 발생 세금

주식을 보유하다 보면 배당받는 경우가 있습니다. 배당의 경우 배당소득세가 발생합니다. 현재 금융소득(이자소득과 배당소득) 합계가 2,000만 원 이하면 분리과세가 가능하지만 2,000만 원이 초과되면 종합소득세에 합산해 세금을 계산하게 됩니다.

4 주식의 세무조사

주식 보유당 시 배당소득이 2,000만 원이 넘는데도 분리과세로 신고하고 종합소득세 합산신고를 하지 않는 경우에는 추후 세무서에서 연락이 옵니다.

비상장 주식의 주식 양도가 발생하는 경우 본인이 직접 세무서에 신고해야 합니다. 주식 양도세 계산 시 양도차익을 계산함에 있어 과거에는 주식을 액면가로 사서 액면가로 판 것으로 신고해 세금이 없는 것으로 신고하는 사례가 있었습니다. 하지만, 원칙적으로 주식 양도 시의 시가로 신고해야 하며 거래가액이 없는 보통의 경우 주식의 가치를 평가해야 합니다.

주식 가치를 의도적으로 낮게 평가해 세금을 적게 내는 경우 세무조사 대상이 될 수 있습니다.

건설업, 해외자회사의 세무조사에는 어떤 사례가 있나요?

Q 건설업 관련 세무조사에는 어떤 사례가 있나요?

A 다음과 같은 사례들이 있습니다.

1 가짜 매입세금계산서 수취에 의한 가공원재료비 계상

건설업의 경우 실제 거래 없이 매입세금계산서를 수취해 원재료비로 계상하는 경우가 많은 편이므로 이 점을 중점적으로 확인해 세금을 추징한 사례가 다수 있습니다.

2 고철 매각 수입금액 누락을 확인해 추징

토목공사업체는 일반적으로 지하터파기 작업을 위해 H빔 등을 설치하면서 공사현장에서 고철이 다수 발생하며 해당 고철의 수입금액 누락이 확인돼 세금이 추징된 사례가 있습니다.

3 가공 인건비 등의 계상

관급공사를 주로 하는 조경업체의 경우 업무특성상 수입금액 누락이 어렵기 때문에 공사과정에서 매입하는 수목들의 금액을 부풀려 계상해 비용을 충당하는 경우가 확인됐으며 건설산업법상 건설업 면허증 소지 직원을 일정 인원 이상 보유해야 함에 따라 실제 근무하지 않고 자격증만 대여한 직원에 대해 가공인건비로 처리한 사례가 있습니다.

> **Q** 해외에 있는 회사 관련 세무조사에는 어떤 사례가 있나요?
>
> **A** 다음과 같은 사례들이 있습니다.

1 해외모회사가 부담할 소송비용을 대신 지급한 금액에 대해 업무무관비용으로 봐 손금불산입 처분.
해외모회사가 가진 특허권 및 실용신안권에 대해 국내자회사가 해외모회사를 위해 특허 관련 소송의 법률자문 및 소송업무를 국내에서 진행하고 비용도 지불했으나 이를 인정하지 않은 사례입니다.

2 영업활동과 직접 관련이 없이 해외법인에 지급한 경영자문료에 대해 손금불산입 처분.
해외법인에게 특별한 사유 없이 경영 자문료로 매년 지급한 수십 억의 금액을 지급하고 비용으로 계상했으나 계약서나 기타 자료로 간주해 사실이 아님이 확인돼 비용으로 인정하지 않은 사례입니다.

3 해외자회사에게 대여한 금액을 업무무관가지급금으로 봐 인정이자 등 처분. 해외현지법인에게 대여금으로 송금한 금액이 확인되었으나 관련 계약서 작성 및 이자를 수취한 사실이 없어 국제조세조정에 관한 법률에 의거, 무이자로 대여한 것이 확인돼 이자수익 누락액을 추징한 사례입니다.

해외현지법인에 대한 대여금이 특수관계인에게 당해 법인의 업무와 관련 없이 지급한 가지급금에 해당하는 지는 자금을 대여한 사유 및 목적, 대여금 사용처, 해외현지법인 사업 또는 영업활동이 내국법인 경영에 관련된 정도에 따라 판단해 결정됩니다.

4 해외체류 중인 자녀에게 지급한 급여를 가공급여로 봐 손금불산입 처분. 해외에 유학 중인 자녀가 유학기간이 끝난 후에도 귀국하지 않은 상황에서 해당 자녀를 직원으로 등록했습니다. 해당 자녀는 회사가 차후 해외로 진출할 경우를 대비해 시장조사하는 업무를 하는 것으로 위장해 각종 보고서를 비치해두고 있었습니다. 이에 시장조사를 했다는 거래처에 확인한 결과 그런 사실이 없었으며, 자녀가 단순히 해외업체에 근무하고 있다는 사실이 확인돼 자녀의 급여를 손금불산입 처리한 사례가 있습니다.

Q 08

분식회계가 뭔가요?

　기업이 재정 상태나 경영 실적을 실제보다 좋게 보이게 할 목적으로 부당한 방법으로 자산이나 이익을 부풀려 회계보고서를 작성하는 것을 말합니다. 분식결산이라고도 합니다. 창고에 쌓여 있는 재고의 가치를 장부에 과대계상 하는 방법이나, 팔지도 않은 물품의 매출전표를 끊어 매출채권을 부풀리는 방법, 매출채권의 대손충당금을 고의로 적게 잡아 이익을 부풀리는 수법 등이 주로 이용됩니다.

　분식회계에는 두 가지 유형이 있습니다.
　첫째. 경영실적을 부풀리는 일반적인 분식회계로서, 매출 수량 등을 조작해 매출실적을 높이는 방법이나 실제 매출이 없는데도 허위로 매출이 발생했다고 적는 것입니다.
　둘째. 실적을 축소하는 역분식 회계입니다. 자산을 부풀리거나 부채를 적게 적고, 장부외 거래를 통해 숨기는 방법 등이 여기에 속합니다. 또한 수익을 부풀려서 매출된 것으로 적기도 하고, 비용을 줄이거나 다음 기로 넘기는 경우도 많습니다. 흔히 역분식회계는 주가 조작에 의한 지분율 상승, 시세차익, 임금인상 저지, 탈세 등의 목적을 두고 자행합니다.

Q 분식회계를 하면 왜 세무조사를 하나요?

A 분식회계는 많은 피해자를 양성합니다. 분식회계는 주주와 채권자들의 판단을 왜곡시킴으로써 그들에게 손해를 끼치기 때문에 법으로 금지돼 있지만, 공인회계사의 감사보고서를 통해서도 분식회계 사실이 제대로 밝혀지지 않는 경우가 많습니다. 불황기에 이러한 분식회계수법이 자주 이용되는 데 주주·채권자들에게 손해를 끼치는 것은 물론, 탈세와도 관련이 있어 상법 등 관련 법규에서도 금지하고 있습니다.

Q 분식회계의 사례를 부탁합니다.

A 우리나라의 분식회계는 1997년 외환위기 이후 많이 드러났습니다. 특히 대우그룹 김우중 회장의 41조 원 분식회계 사실이 드러나 재무제표를 믿고 자금을 대출해준 금융기관과 투자자, 일반 국민들이 엄청나게 손해볼 일이 있으며, 동아건설산업 역시 이 문제로 사회를 떠들썩하게 한 사례가 있습니다.

세무조사 개인

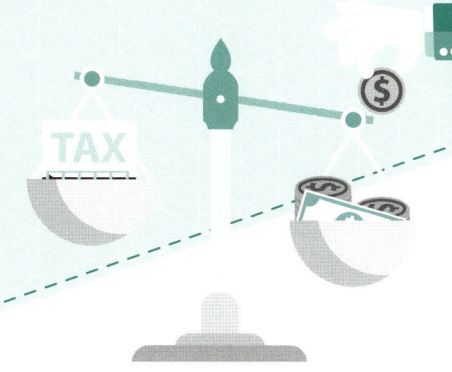

- 01 등록 전 매입세액도 세무조사를 하나요?
- 02 판매촉진비에 대해 세금계산서를 받았는데 세무조사가 나왔어요!
- 03 영업권세무조사는 어떻게 하나요?
- 04 종교단체에서 백지기부금영수증
- 05 주택임대사업자도 세무조사하나요?
- 06 장부를 보관하고 있지 않을 때 어떻게 세무조사를 하고 세금을 부과하나요?
- 07 성실신고확인대상 사업자도 세무조사하나요?
- 08 같은 주소지에 사업자등록을 여러개 하면 세무조사 받나요?
- 09 최근 종합소득세 세무조사 추징사례를 알고 싶어요!
- 10 병의원 세무조사는 어떻게 하나요?
- 11 병의원 세무조사 이유
- 12 병의원 세무조사 실제 사례 모음
- 13 고소득 자영업자 세무조사
- 14 학원, 유흥주점의 세무조사 포인트에는 어떤 점이 있나요?
- 15 숙박업의 세무조사 포인트에는 어떤 점이 있나요?
- 16 일반 자영업의 세무조사 사례를 알고 싶어요!

등록 전 매입세액도 세무조사를 하나요?

Q 사업자등록 전 매입세액은 공제가 되나요?

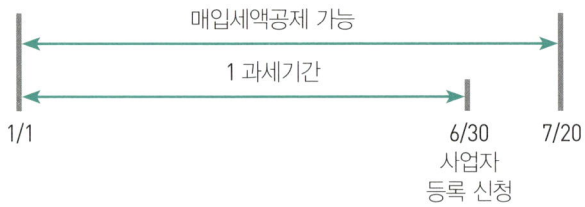

Q 등록 전 매입세액은 뭐죠?

A 사업자등록을 하기 전의 매입세액이라고 생각하시면 이해하기가 편하실 겁니다. 사업자등록을 하기 전에 사업을 준비하다보면 사업자등록 전에 물품을 구입하기도 합니다. 이처럼 사업자등록 전에 발생하는 사업 관련 매입세액이 등록 전 매입세액이 되는 것입니다.

Q 등록 전 매입세액도 매입세액공제가 가능한가요?

A 매입세액공제는 자기의 과세사업을 위해 사용됐거나 사용될 재화 또는 용역의 매입세액에 대해 공제가 가능한 것입니다. 이때 공급시기가 속하는 과세기간이 끝난 후 20일 이내에 등록을 신청한 경우 등록신청일부터 공급시기가 속하는 과세기간 기산일까지 역산한 기간 내의 매입세액은 공제를 받을 수 있습니다.

예를 들면 7월 15일에 사업자등록을 신청하게 되면 그해의 1월 1일부터 발생한 매입세액에 대해서는 공제가 가능하다는 뜻입니다.

Q 사업자등록 전인데 어떻게 세금계산서를 교부받을 수 있나요?

A 사업자등록 전이라도 대표자의 주민등록번호를 기재해 세금계산서를 교부받을 수 있습니다. 위에서 언급한 것처럼 등록 전 매입세액은 일정 요건을 갖춰야만 공제가 가능합니다. 이러한 요건을 갖추지 못한 채 매입세액을 공제한다면 세무조사의 대상이 될 수 있습니다.

부가가치세를 신고할 때 매출세액에서 공제되지 않은 매입세액이 있다면 이는 비용으로 인정될 수 있으며, 구체적인 경우는 다음과 같습니다.

- ☑ 부가가치세 면세사업과 관련된 매입세액

- ☑ 비영업용 소형승용차의 구입 및 유지에 관한 매입세액

- ☑ 접대비 및 이와 유사한 지출에 관련된 매입세액

- ☑ 부가가치세 간이과세자가 납부한 부가가치세액

- ☑ 영수증을 교부 받은 거래분에 포함된 매입세액으로서 매입세액공제대상이 아닌 금액

- ☑ 부동산 임차인이 부담한 전세금 등의 간주임대료에 대한 매입세액

- ☑ 세금계산서 미수취·불명분 매입세액

- ☑ 부가세법상 매입세액불공제에 해당하는 경우의 매입세액을 환급 받은 경우에는 차후 부가세추징과 가산세를 부담

02

판매촉진비에 대해 세금계산서를 받았는데 세무조사가 나왔어요!

　판매촉진비는 기업이 판매를 늘리기 위해서 들어가는 비용의 일부로써 판촉수당 같은 예가 있습니다. 특별한 상품이 나오거나 영업이 부진한 경우 판촉행사를 하는 경우가 있는데 이럴 때 소요되는 비용이 판매촉진비에 해당합니다. 이러한 판매촉진비는 접대비나 매출에누리 등과 구별이 쉽지 않아 혼용해서 사용하는 경우가 있으며, 이러한 상황이 문제가 될 수 있습니다.

　제약업체가 국세청의 세무조사를 받고 있다는 뉴스는 잊을만 하면 한 번씩 접하게 됩니다. 제약회사의 경우 판매촉진비가 많이 지출됩니다. 의료기관들과의 거래시 리베이트가 제공되는 데 이러한 리베이트를 판매촉진비로 보느냐, 접대비로 보느냐가 중요합니다.

　접대비는 한도가 정해져 있어 일정 금액 이상은 비용으로 인정받지 못합니다. 그러다보니 접대비성의 비용을 한도가 없는 판매촉진비로 비용처리하는 경우가 있습니다. 이러한 경우 세무조사의 대상이 됩니다.

　판매촉진비의 경우 접대비와 구별이 애매하지만 매출 에누리인지 아니면 비용인지 판단하기 어려운 경우가 있습니다. 매출 에누리라면 매출에서 바로 차감되므로 부가세가 차감되는 상황이 발생하므로 중요한 차이가 있습니다. 이러한 판매촉진비는 매출에누리인지 아니면 비용인지가 다툼이 된 적이 있습니다.

사례를 소개하면 다음과 같습니다.

> **사례**
>
> A 대리점은 2010년부터 2012년까지 고객에게 휴대폰을 판매하고 보조금을 지원했고, 부가가치세를 신고하면서 고객들에게 현금으로 지급한 보조금을 매출에누리로 보고 매출액에서 차감해 신고했다. 그런데 A 대리점에 대한 세금신고사항을 살펴본 세무서는 대리점이 고객들에게 지급한 보조금을 매출에누리가 아닌 판매촉진비에 해당한다고 보고 보조금을 매출액에 포함해 부가가치세를 경정·고지했다.
>
> A 대리점은 세무서의 과세에 수긍할 수 없었다. 이의신청을 거쳐 조세심판원의 문을 두드렸다. 그리고 단말기를 고객들에게 판매하면서 지급한 보조금은 재경부의 기존예규를 신뢰해 매출에누리로 보아 부가가치세를 신고했고, 또 그 신뢰는 보호할 가치가 있으므로 처분청의 부과처분은 취소돼야 한다고 주장했다.
>
> 조세심판원은 납세자인 A 대리점의 손을 들었다.
>
> 심판원은 무엇보다 "이번 과세는 A 대리점이 보조금을 지급하고 신고한 것은 변경된 예규 이전 공급분임에도 불구하고 과세당국이 변경된 예규를 근거로 부가가치세를 과세한 것은 국세기본법 15조인 '신의·성실의 원칙'을 스스로 위반해 납세자의 이익을 침해한 것"이라고 못박았다(조심2015서1874).
>
> * 출처 : 세정일보, 2015. 9. 21. 〈휴대폰 보조금 '매출 에누리'의 추억〉

영업권세무조사는 어떻게 하나요?

Q 개인사업자인데 법인전환을 하면서 영업권평가를 해 양도하려고 합니다. 세무상 어떤 문제점이 있나요?

A 요즘 개인사업자들이 법인전환을 하면서 영업권평가를 많이 하고 있습니다. 사업에서 벌어들이는 소득을 어떻게 하면 합법적으로 대표자가 가져갈 수 있을까? 고민하다가 생각해 낸 것이 바로 영업권이라고 생각합니다. 영업권은 기타 소득에 해당합니다. 영업권을 평가해 법인으로부터 대표자가 대금을 수령하면 필요경비 60%를 공제받고 나머지 40%의 금액을 기타소득으로 해 종합소득에 합산해 종합소득세를 부담해야 합니다.

영업권을 지급하는 법인의 입장에서는 무형자산 중 영업권으로 자산계상했다가 매년 일정액을 상각해 전액비용으로 공제받을 수 있습니다. 법인은 지출액을 비용으로 계상해 법인세 등을 절감할 수 있고 지급받는 대표자는 합법적으로 회사의 자금을 가져올 수 있어 절세의 방법으로 많은 사업자들이 영업권평가를 고려하고 있습니다.

Q 영업권을 평가했다가 나중에 세무서에서 세무조사를 나왔다고 하는 사업자들이 많이 있습니다. 영업권을 평가하면 무조건 세무조사를 받나요?

A 영업권을 평가했다고 해서 무조건 세무조사를 받지는 않습니다. 영업권 평가가 적정하지 않다고 의심되는 회사가 세무조사를 받을 수 있습니다.

Q 세무조사를 받고 영업권 평가액을 부인당하게 되면 어떻게 되나요?

A 네, 좋은 질문입니다. 사업자가 법인전환을 하면서 법인으로부터 영업권대금을 가져오고 싶다고 해서 무조건 평가를 하면 나중에 큰 봉변을 당할 수 있습니다. 영업권 평가를 부인하면 법인세비용을 부인당해 법인세추징은 물론이고 대표자는 영업권 평가액을 기타 소득이 아닌 근로소득(상여처분)으로 봐 종합소득세를 부담해야 합니다. 대표자의 입장에서 기타 소득으로 과세를 당했는데 근로소득으로 처분되는 것과 무슨 차이가 있나요? 라고 생각하실 수 있지만 기타 소득은 60%가 필요경비로 공제됐기 때문에 기타 소득과 근로소득의 차이는 엄청나게 큽니다.

Q 어떤 경우에 영업권을 평가할 수 있습니까?

A 저희 사무소 사장님께서 말씀하시길 "내 친구가 사업을 하면서 영업권으로 20억 원을 평가해 법인으로 영업권 대가를 지급받았다"고 하면서 나도 영업권 평가를 해서 대가를 받아야겠다고 하시더라고요. 그런데 여러 가지 사항을 검토한 결과 사장님은 영업권 평가를 하는 것이 불가능한 것으로 판단됐습니다. 영업권은 동일

업종 사업자에 비해 얻을 수 있는 초과수익력을 말합니다. 즉 다른 동종업자들에 비해 특별한 사업적 노하우, 특허, 지리적 이점 등 특별히 다른 동종 업체들 보다 월등한 초과수익력이 있어야 한다는 것입니다. 그 사장님이 사업업황은 좋지만 특별히 영업권을 산정할 근거자료 마련이 쉽지 않았을 겁니다. 영업권 평가 후에 과세관청으로부터 불필요한 세무간섭을 받지 않으려면 영업권 평가근거를 잘 마련해둬야 할 것입니다.

Q 영업권 세무조사는 구체적으로 어떻게 진행하나요?

A 저희 거래처 사장님이 개인으로 사업하시다가 법인으로 사업전환을 하면서 영업권을 10억 원으로 평가했습니다. 영업권 평가는 감정평가사에게 용역을 줘 적법하게 평가했다고 판단했습니다. 나름대로 특허도 가지고 있었고 지리적 이점 등 여러 가지 산정이유가 있다고 생각해 별 문제가 없을 것으로 생각했습니다. 그런데 과세관청에서 세무조사 대상으로 선정했고 실제 세무조사 시에 영업권 평가 산정근거에 대해 문제를 제기했습니다.

과세관청에서 제3의 감정평가사에게 감정평가를 했더니 영업권 평가액이 산정되지 않았습니다. 그래서 다시 감정평가법인 두 곳의 감정을 받아 감정평가산정 근거자료를 제출해 10억 원의 영업권평가액을 인정받을 수 있었습니다. 그러므로 영업권 평가를 할 때는 평가의 객관성을 위해 비용이 조금 더 들더라도 애초에 복수의 감정평가법인으로부터 감정을 받아 평가액 입증자료로 제출한다면 과세관청으로부터의 세무간섭을 줄일 수 있다고 생각합니다.

종교단체에서 건넨 백지기부금영수증

Q 종교인이 가짜 기부금 영수증을 발급해 탈세에 가담하면 어떻게 될까요?

A 가짜 기부금 영수증으로 공제받은 세액을 토해내야 함은 물론이고 신고불성실 가산세와 납부불성실 가산세를 별도로 부담해야 합니다. 뿐만 아니라 소득세법 81조에 따라 기부금영수증을 허위로 발급 받은 경우 허위금액의 2%를 가산세로 부과하게 돼있습니다.

Q 종교인들이 허위로 기부금 영수증을 발행한 사례가 있나요?

A 전라남도에 위치한 한 사찰의 주지스님은 2년간 무려 45억 원 상당의 허위기부금영수증을 발급했습니다. 그중 32억 원은 금액란이 비어 있는 백지영수증이었습니다. 실제 기부금액과는 상관없이 신도들이 알아서 스스로 기부금액을 기재해서 신고하는 방식이었습니다. 사찰 복원공사 비용의 상당 부분을 신도들의 시주에 의존했던 터라 주지스님은 백지영수증을 요구하는 신도들의 요구를

차마 거절할 수 없었다고 합니다. 신도들이 요구하는대로 백지 기부금영수증을 무더기로 발행해준 셈입니다(비즈니스워치, 2017. 4. 12. 〈주지스님 백지영수증 주세요〉 인용).

Q 허위 기부금 공제 사실이 어떻게 발각된 거죠?

A 국세청의 빅데이터 검색에 의해 체크가 됩니다. 납세자는 연말정산내지는 종합소득세 신고 시에 기부금 공제를 신청하면 일정금액의 세액공제를 받게 됩니다. 납세자가 신고한 기부금내역이 사실인지 검색하기 위해 과세관청에서는 종교단체에 기부내역을 증빙하라고 요구합니다. 백지영수증은 납세자가 적어낸 기부금 금액을 종교단체가 모르기 때문에 조사과정에서 발각된 겁니다.

Q 공제될 수 있는 기부금의 종류와 세금공제액를 알고 싶어요.

A 세액공제가 가능한 기부금 종류는 다섯 가지입니다.

> 답변 세액공제 가능한 기부금 다섯 가지 종류
> - ☑ 정치자금기부금
> - ☑ 법정기부금
> - ☑ 우리사주조합기부금
> - ☑ 지정기부금(종교단체 제외)
> - ☑ 종교단체 지정기부금

Q 기부금 종류가 어떻게 구분되는지 알려주세요.

A 기부금은 기부 받는 단체의 속성에 따라 다음과 같이 구분합니다. 법정기부금은 국가 또는 지방자치단체에 기부한 금품, 국방헌금과 위문금품, 천재지변 또는 특별재난구역 이재민구호금품 가액, 자원봉사 용역가액, 사회복지 시설에 기부한 금품 등이 해당됩니다. 지정기부금은 지정기부금단체(사회복지법인, 학술연구단체, 종교단체 등)의 고유목적 사업비로 지출하는 기부금, 학교장이 추천하는 개인에게 장학금 등으로 지출하는 기부금, 공익신탁 기부금 등이 있습니다.

> **Tip 지정기부금**
>
> 불우이웃 기부금이 지정기부금에 해당하는 경우도 있습니다. 부양의무자가 없는 노인과 아동 또는 심신장애로 근로능력이 없거나 사회통념상 경제적 능력의 부족 등으로 생활이 어려운 불우이웃을 돕기 위한 기부금은 지정기부금에 해당합니다. 단, 병역을 마치고 등록금이 없어 학업을 계속하지 못하는 대학생에게 직접 지출하는 등록금은 해당 대학생이 위의 불우이웃에 해당하지 않은 경우 불우이웃 기부금에 해당하지 않습니다.

Q 기부금 공제와 관련해서 주의할 점이 있다면 말씀해주세요.

A 적격 기부금영수증 발급단체가 아닌 자로부터 받은 기부금영수증은 세액공제를 받을 수 없습니다. 따라서 기본공제대상자가 기부한 단체가 적격 기부금영수증 발급단체인지 꼭 확인하시기 바랍니다. 백지 기부금영수증을 교부받아 근로자가 직접 수기 작성한 경우에는 세액공제를 받을 수 없습니다.

주택임대사업자도 세무조사하나요?

Q 주택임대사업자의 과세기준에 대해 알고 싶어요.

A 월세인 경우와 보증금인 경우로 나눠집니다. 월세인 경우 2주택 이상 보유자만 과세합니다. 다만 기준시가 9억 원을 초과하는 주택 및 국외에 소재하는 주택은 1주택도 과세합니다. 보증금의 경우에는 비소형 주택 3채 이상 보유자의 보증금 및 전세금에 대해서만 과세합니다.

> **Tip 비소형주택**
> 전용면적 85평방미터를 초과하거나 기준시가 3억 원을 초과하는 주택

주택임대 수입금액이 연간 2,000만 원 이하인 경우에는 2018년까지는 비과세하고 2019년 귀속분부터 14%로 분리과세합니다.

Q 보증금은 월세를 받는 것이 아닌데도 세금을 과세하나요?

A 네, 과세합니다. 보증금에 대한 이자상당액을 월세로 간주해 과세하는 것입니다.

Q 보증금에 대한 이자상당액은 어떻게 계산하나요?

A 다음과 같은 산식에 의해 계산합니다.

$$(\text{해당 과세기간의 보증금 등} - 3\text{억 원})\text{의 적수} \times 60/100 \times 1/365 \times \text{정기예금이자율}$$

Q 주택임대소득에 대해 절세할 수 있는 방법이 있나요?

A 절세를 할 수 있는 방법이 있습니다. 예를 들면 대출이자, 관리인 급여, 각종 공과금 등 실제로 소요된 경비를 비용으로 계상해 장부를 작성하는 것입니다. 그리고 초과누진세율 구조를 유지하고 있는 현행 종합소득세제도 하에서 절세하려면 부부공동사업 등으로 소득을 분산하는 것이 절세에 도움이 됩니다.

어느 정도 규모가 있는 주택임대사업자라면 처음부터 법인으로 사업자등록을 하는 것도 절세에 도움이 됩니다. 법인은 대표자 급여, 퇴직금등이 비용으로 계상되며 소득을 여러 사람에게 배당으로 나눠가질 수 있는 장점이 있기 때문입니다.

Q 주택임대사업자에 대해서 어떻게 세무조사를 하나요?

A 주택임대사업자로 등록해 지방세를 감면받은 사업자가 실제로 5년 이상 임대사업을 했는지 여부를 조사해 5년 미만 임대를 한 경우 감면받은 지방세를 추징합니다. 사실 주택임대는 일반 상가임대 등과는 달리 (부가가치세)면세사업이기 때문에 사업자등록을 반드시 해야 하는 건 아닙니다. 하지만 세금문제를 생각하면 사업자등록을 하는 것이 유리합니다. 임대사업을 하던 주택을 팔게 될 경우만 보더라도 사업자등록을 해뒀다면 양도소득세가 면제될 수 있기 때문입니다.

주택임대소득에 대해 무신고할 경우 과세관청의 주택임대사업자에 대한 일제조사 시 적발돼 무거운 처벌을 받을 수 있습니다.

Q 임대사업자를 등록할 때 혜택을 알고 싶어요.

A 주택임대사업자는 8년 이상 장기임대사업을 하겠다고 신고하는 준(準)공공임대주택사업자와 4년 이상을 기간으로 신고하는 단기임대주택사업자가 있습니다. 주택임대사업자등록을 하면 취득세(공동주택·오피스텔만)의 경우 전용면적 60㎡ 이하에 대해서는 단기와 장기임대 모두 100% 면제해 줍니다. 재산세는 40㎡ 이하인 경우에만 100% 면제하고, 40~60㎡인 경우 단기는 50%, 장기는 75% 면제됩니다. 또 60~85㎡ 임대주택은 단기임대는 재산세의 25%, 장기임대는 50%가 면제됩니다. 이밖에 소득세와 법인세는 40~85㎡인 경우 단기임대는 30%, 장기임대는 75% 면제혜택을 줍니다.

Q 주택임대사업을 시작하는 사람이 주의해야 할 점은 뭘까요?

A 우선은 사업장 구분문제가 중요합니다. 일반 임대사업은 각 임대사업 장소마다 사업자를 내야 하지만 주택임대사업은 자기 집주소로 사업장을 낼 수 있습니다. 지방자치단체 등록은 집주소 관할한 곳에만 하면 큰일납니다. 임대사업자에게 주는 세금혜택은 양도소득세 같은 국세만 있는게 아니라 재산세, 취득세 같은 지방세도 있기 때문입니다. 주소지 관할 세무서에 하는 사업자등록과는 별개로 임대주택이 있는 각 지자체에 임대사업자 신고하지 않으면 혜택을 받을 수 없게 됩니다. 지방세는 각 지자체에서 지역민들에게 주는 혜택이기 때문입니다.

Q 사업자등록을 할 때 주의할 점은 없나요?

A 사업기간 설정이 매우 중요합니다. 임대사업기간을 4년 이상으로 하는 단기임대사업자로 등록할지, 8년 이상으로 하는 장기준공공임대사업자로 할지 결정하는 것이 중요하다는 것입니다. 4년 혹은 8년의 기준에 부합해야만 세금혜택을 주기 때문에 이를 지키지 못하면 혜택 받은 것을 그때 가서 토해내야 합니다. 임대사업을 길게 할 생각이 있다면 준공공임대사업자로 등록하면 절세혜택을 최대로 받을 수 있다는 장점이 있습니다. 뿐만 아니라 준공공임대사업자는 10년 이상 하면 양도소득세가 100% 감면되는 장점이 있습니다.

Q 주택임대사업 등록을 기피하는 것이 세금 외에도 건강보험 등 챙길 것이 많아서인데요. 그 부분은 어떻게 해결하면 좋을까요?

A 우선 부부 중 한 명이 근로소득자라면 근로소득자 이름으로 임대사업자를 내는 것이 좋습니다. 근로소득자는 사업소득이 추가로 발생하더라도 근로소득에 합산해서 직장 가입자로 건강보험료를 정산하기 때문입니다. 그런데 근로소득자의 소득이 너무 높으면, 높은 세율로 소득세를 부담해야 하기 때문에 근로소득자가 아닌 사람이 따로 사업자를 내는 것이 유리할 수도 있습니다.

Tip

주택임대사업의 경우 월세의 경우와 보증금을 받는 경우로 나뉩니다. 월세는 1세대 1주택까지는 과세하지 않습니다. 다만 1주택일지라도 과세기간 종료일 현재 기준시가 9억 원 이상의 고가주택의 임대는 과세 대상입니다. 또한 2018년까지 과세대상일지라도 연 2,000만 원까지의 임대소득은 비과세입니다. 전세의 경우 1세대 3주택 이상인 경우에 전세보증금에 대한 이자 상당액을 과세합니다. 이 경우 주택 수 계산 시 부부합산해 주택 수를 계산합니다. 3주택 이상일 지라도 보증금 3억 원까지는 비과세입니다. 보증금에서 3억 원을 차감한 금액에 국세청장이 정한 정기예금이자율(현재1.8%)를 곱하면 최종 과세대상 금액이 나옵니다. 물론 이 금액 역시 연 2,000만 원까지는 비과세입니다. 예를 들면 보증금이 10억 원이라면 다음과 같이 계산이 됩니다. 과세대상금액은 (10억 원−3억 원)×1.8% =12,600,000원입니다. 이 금액이 2,000만 원이 안 되므로 비과세입니다. 주의할 점은 주택 수 산정 시 부부 합산 했지만 소득금액 계산할 때에는 부부합산이 아니라 개별적으로 계산합니다.

만약 과세대상임에도 불구하고 신고하지 않은 경우에는 세무서에서 추후에 추징될 수 있습니다. 과세당국에서는 이러한 임대차 자료를 꾸준히 수집하고 있습니다.

예를 들면 세입자에게 여러 가지 혜택을 주고 있습니다. 근로자인 세입자는 임대인의 동의가 없어도 국세청에 임대차내역을 신고하면 현금영수증이 발행됩니다. 이러한 현금영수증은 근로소득세 신고 시 소득공제가 됩니다. 또한 월세액 세액공제가 됩니다. 물론 월세액 세액공제를 받기 위해서는 임대차 내역을 자세히 보고해야 합니다. 그리고 주택임차차임금원리금 상환액 공제제도가 있습니다. 이는 보증금에 대한 이자에 대해 소득공제를 합니다. 과세당국은 이렇게 여러 경로를 통해 세원을 파악하고 있습니다.

장부를 보관하고 있지 않을 때 어떻게 세무조사를 하고 세금을 부과하나요?

Q 사업자가 매출 및 매입 관련 장부를 보관하고 있지 않다며 장부를 제시할 수 없다고 할 때 과세관청에서는 어떻게 세무조사를 해서 세금을 과세하나요?

A 법인세 및 소득세의 과세표준과 세액을 결정 또는 경정하는 경우에는 과세표준신고서 및 그 첨부서류에 의하거나 비치·기장된 장부 기타 증빙서류에 의한 실지조사(실액결정방법)에 따라야 합니다. 그러나 사업자가 과세표준을 계산함에 있어서 필요한 장부와 증빙서류가 없거나 중요한 부분이 미비 또는 허위인 때, 기장의 내용이 시설규모·종업원수·원자재·상품·제품시가·각종 요금 등에 비춰 허위임이 명백한 때와 기장의 내용이 원자재사용량·전력사용량 기타 조업상황에 비춰 허위임이 명백한 때에는 실지조사결정의 원칙에 불구하고 추계에 의해 과세표준과 세액을 조사결정할 수 있습니다.

Q 아, 장부가 없을 때에도 추계에 의해서 세무조사를 한다는 말이네요. 용어가 생소해서 추계라는 말의 의미를 정확히 알 수가 없네요. 구체적으로 어떻게 조사하는 지 구체적인 사례를 알고 싶어요.

A 전등기구를 만드는 제조업자를 세무조사한다고 가정하겠습니다. 회사 대표가 장부를 보관하고 있지 않다고 주장합니다. 그렇다고 해서 세무조사관들이 "아, 네 어쩔 수 없네요. 조사가 불가능하니 세무조사를 종결하겠습니다" 그럴까요? 천부당만부당한 말씀입니다. 장부가 없다고 해서 절대로 세무조사를 할 수 없는 것이 아닙니다. 조사관들이 제조과정을 조사해보니 전자식 스탠드를 하나 생산하는데 안정기라는 부품이 필수적으로 한 개 투입되는 것을 확인했다고 가정해보겠습니다.

이 회사가 매출 누락사실을 감추기 위해 장부를 은닉했다 하더라도 안정기매입자료를 통해 매출을 추계로 계산한다는 말입니다. 안정기에 대해 매입세금계산서자료가 국세청에 신고되어 있었기 때문에 조사관들이 매입세금계산서 자료를 통해 안정기 매입수량을 파악했습니다. 안정기매입수량은 곧 스탠드매출수량을 의미하므로 안정기의 매입수량에 스탠드단가를 곱해서 매출액을 추정해 세금을 부과한 것입니다.

이와 같이 장부가 없는 경우에도 다른 증거자료로 인해 수입금액을 추정해 과세하는 사례가 무척 많습니다. 대법원의 판례도 여러 정황으로 미뤄 매출 누락사실이 추정된다면 과세할 수 있다고 판결했습니다.

성실신고확인대상 사업자도 세무조사하나요?

Q 성실신고확인대상 사업자입니다. 그런데 세무조사가 나왔어요? 어떻게 된 일인가요? 세무대리인이 성실신고확인도장을 찍어서 신고하면 성실한 것으로 인정하고 세무조사도 면제해준다고 한 것으로 알고 있는데요. 그리고 세무대리확인비용까지 세무대리인에게 200만 원을 지급했어요! 비용은 비용대로 나가고 세무조사도 받고 세상에 이렇게 억울한 일이 다 있네요.

A 국세청에서는 납세자의 자율적 성실신고를 담보하기 위해 종합소득세 신고 이후 현금매출누락혐의가 짙은 고소득 자영업자와 성실신고확인서를 부실하게 제출한 사업자, 수입금액을 임의로 조절해 성실신고확인대상자에서 회피한 혐의가 있는 사업자 등을 중심으로 사후검증을 실시하고 있습니다. 사후검증이란, 국세청이 종합소득세 신고 이후 신고내용을 면밀히 분석해 특정 항목에 대해 소명 자료를 요구하고, 이에 대한 매출 누락혐의가 있거나 가공경비를 계상한 경우 수정신고를 통해 세금을 납부할 것을 안내함을 말합니다.

최근에 국세청에서는 16개 불성실 항목에 대해 사후검증을 거친 뒤 학원강사, 병원사업자, 변호사, 세무사 등 고소득 영업자 1만 8,000명에 대한 사후검증을 통해 2,234억 원을 추징하고, 이중 탈루혐의가 짙은 250명에 대해서는 정기세무 조사 대상자로 선정했습니다. 앞으로도 국세청에서는 탈루혐의가 큰 사업자에 대해서는 조사 대상자로 선정하는 등 엄정하게 대처할 것이므로 주의해야 합니다.

Q 성실신고확인대상 사업자는 어떤 경우에 해당하나요?

A 성실신고확인제도 시행 이후 정부의 소득세징수액이 획기적으로 증가한 것으로 확인되고 있습니다. 그래서 정부에서는 고소득 자영업자 등 지하경제양성화 차원에서 최근에 성실신고확인대상 사업자의 기준금액을 대폭적으로 하향조정했습니다. 2019년 수입금액이 업종별로 아래에 해당되면 성실신고확인대상 사업자에 해당하게 됩니다.

[업종별 성실신고확인서 제출의무자]

구분	업종별	기준수입금액 (2019년)
1	농업 및 임업, 어업, 광업, 도매업, 소매업, 부동산 매매업, 아래 내용에 해당하지 않은 사업	해당연도 수입금액 15억 원 이상
2	제조업, 숙박 및 음식점업, 전기·가스·증기 및 수도사업, 하수·폐기물 처리·원료 재생 및 환경복원업, 건설업(비주거용 건물 건설업은 제외하고, 주거용 건물개발 및 공급업을 포함), 운수업, 출판·영상·방송통신 및 정보 서비스업, 금융 및 보험업	해당연도 수입금액 7.5억 원 이상

3	부동산 임대업, 전문·과학 및 기술서비스업, 사업시설관리 및 사업지원 서비스업, 교육서비스업, 보건업 및 사회복지 서비스업, 예술·스포츠 및 여가 관련 서비스업, 협회 및 단체, 수리 및 기타 개인 서비스업, 가구 내 고용활동, 위 1, 2에 해당하는 업종을 영위하는 사업자 중 전문직 사업자	해당연도 수입금액 5억 원 이상

Q 소득세신고 후에 사후검증을 해서 조사 대상에 선정한다고 하는데 그러면 사후검증은 어떻게 하는 건가요?

A 성실신고확인 대상자에 대해서는 추후신고 후 지출비용에 대한 적격증빙(세금)계산서, 현금영수증, 신용(직불·선불)카드 매출 전표 등) 수취 여부, 장부상 거래액과 적격증빙 금액의 일치 여부 등을 검토해 과다비용이나 가공경비계상과 업무무관경비계상혐의 등을 중점 확인하므로 주의해야 합니다.

Q 성실신고확인수수료를 왜 세무대리인에게 지급해야 하나요? 조정료라고 해서 받아가고 성실신고확인수수료라고 해서 또 받아가고… 사업자가 봉인가요?

A 성실신고확인서를 첨부해 신고하는 사업자에 대해서는 성실신고확인 비용에 대한 세액공제와 의료비·교육비 세액공제를 받을 수 있는 혜택이 주어집니다. 성실신고수수료만큼 혜택을 받기 때문에 이중부담이라고 볼 수 없습니다. 지하경제양성화정책의 의지로 정부에서는 성실신고확인제도를 법으로 강제하고 있습니다. 성실신고확인서를 제출하지 않으면 사업소득에 대한 산출 세액의 5%가 가산세로 부과되며, 납세협력의무를 이행하지 않은 것으로 분류해 세무조사 대상으로 선정될 수 있는 점을 유의해야 합니다.

같은 주소지에 사업자등록을 여러개 하면 세무조사 받나요?

Q 3층 건물 전체를 임차해 갈비집을 운영하고 있습니다. 1층에는 별도로 식육도소매업 사업자등록을 해 운영하고 있는데 같은 주소에 사업자등록이 2개로 돼있어 세무조사를 받는 것이 아닌가? 겁이 납니다.

A 실제 같은 지번에 사업자등록이 여러 개 있을 경우 과세관청에서 의혹의 눈으로 사업자를 바라볼 수 있습니다. 그래서 실지사업자가 맞는지 사업자등록 현지확인조사를 하는 경우가 있습니다. 하지만 실제 상황이 각각 다른 사람이 투자를 하고 경영을 독립적으로 운영하는 경우라면 세무상 전혀 문제될 것이 없습니다.

Q 저와 같이 음식점을 운영하면서 같은 주소에 별도로 식육점을 사업자등록을 해 운영한 사업자를 국세청에서 세무조사를 했다는 말이 있는데 사실인가요?

A 네, 사실입니다. 국세청에서는 같은 주소에서 음식점과 식육점 등 복수의 사업자등록을 해 수입금액을 분할신고한 사업자를 세무조사한 사례가 있습니다. 실제 대표는 1인이면서 세금을 탈루할 목적으로 바지사장을 내세워 사업자등록을 한 후 수입금액을 분산시켰다고 의심해 세무조사 대상으로 선정한 것입니다.

Q 세무조사결과가 어떻게 되었는지 궁금하네요!

A 세무조사결과 문제의 그 사업자는 실제 대표가 수입금액을 분산할 목적으로 바지사장을 내세워 식육점으로 사업자등록한 것으로 추정됐습니다. 현행 소득세법은 초과누진세율제 이므로 수입금액을 분산하면 세금이 대폭적으로 준다는 사실을 알고 명의분산을 한 것으로 판단됩니다. 세금고지 후에 그 사업자는 실제로 식육점을 별도의 사업자가 운영했다고 주장하며 조세불복을 제기했습니다. 대법원까지 소송을 제기했지만 대법원은 "장부 이외의 확인서 등 다른 자료에 의해 수입의 오류 또는 탈루가 있음이 인정되는 때에는 다른 자료에 의해 경정가능하다"라며 국세청의 편을 들었습니다.

Q 바지사장을 내세워 사업자등록을 하고 세금신고를 했다면 세무조사 시 어떤 처벌을 받게 되나요?

A 바지사장의 수입금액을 실제 대표의 수입금액에 합산해 수입금액을 재계산하게 됩니다. 추가로 납부할 세금을 계산해 신고불성실, 납부불성실가산세를 가산해 세금을 고지하게 됩니다. 바지사장의 세금신고분은 결정취소가 되므로 환급을 받게 됩니다.

Q 그런데 저의 경우는 실제 식육점사업자가 별도로 투자를 하고 실지 독립적으로 사업장에 상주하며 사업을 운영하고 있습니다. 그런데도 세무상 문제가 되나요?

A 전혀 문제가 되지 않습니다. 같은 지번에 사업자등록이 여러 개 돼 있다고 해서 무조건 세무상 문제가 되는 것은 절대 아닙니다. 사실상 별도로 독립해 사업을 하고 있는 것이 입증되면 세무상 전혀 문제될 것이 없으므로 걱정하지 않아도 됩니다.

Q 제 동서가 안과병원을 운영하는데 같은 병원 내에 렌즈실이 있습니다. 별도로 렌즈실을 사업자등록을 했다고 하는데 제 동서의 경우에는 세무상 문제점이 없을까요?

A 마찬가지로 렌즈실을 운영하는 사람이 별도로 자금을 투자한 후 독립적으로 경영하면 세무상 문제될 것이 전혀 없습니다. 그러나 실제는 병원원장이 운영하면서 명의만 타인 명의로 렌즈실을 운영한다면 세무상 문제가 됩니다.

Q 세무조사 시 실제로 경영을 하는지 아니면 바지사장인지 어떻게 조사하나요?

A 매매대금결제내용을 확인할 수도 있고 실제운영자와 명의상사업자로 의심되는 사업자에 대해 직접 대면조사도 합니다. 그리고 병원 내 전산망을 어떻게 사용하는지 여부, 건물에 대한 임차료지불 방식 등 여러 가지 상황을 고려해 명의상사업자인지 아니면 실지사업자인지를 판단하게 됩니다.

최근 종합소득세 세무조사 추징사례를 알고 싶어요!

Q 최근 국세청의 종합소득세 세무조사 시 이슈가 되는 사례를 알고 싶어요.

A 국세청은 납세자의 자발적 성실신고에 최대한 도움이 되도록 '사전성실신고 지원'을 한층 강화해 이전보다 더욱 정교하고 다양화한 개별분석자료를 성실신고확인 대상자 등에게 신고 전 제공했고, 소득률저조자명단을 수임대리인에게도 별도 제공했습니다. 국세청은 종합소득세 신고가 마감되는 즉시 신고내용을 검토해 불성실혐의가 있는 자에 대해서는 철저하게 사후검증을 하고 있으며 사후검증에 불응하거나 탈루금액이 큰 경우에는 조사 대상자로 선정해 세무조사를 하고 있습니다.

Q 종합소득세 사후검증과 관련된 주요 세무조사 추징 사례를 알고 싶어요.

A 최근 국세청에서 발표된 추징사례를 살펴보면 다음과 같습니다.

1 의류를 무자료 매입 후 명의위장 사업자를 통해 판매하고 차명계좌·이중장부를 활용해 수입금액을 탈루한 의류 도매업자

- ☑ 의류 도매상 ○○○은 여러 개의 도매업체를 타인 명의로 사업자등록하고 인근에 별도 사무실을 설치·운영하면서 제품출고, 자금관리 등 사업전반을 실질적으로 총괄하다 적발됐습니다.

    거래대금은 현금이나 친인척 명의의 차명계좌로 수령한 후 세금계산서를 발행하지 않는 수법으로 신고 누락했으며, 특히, 고의적·반복적으로 장부를 파기하고 이중장부를 작성해 차명통장·현금과 함께 별도의 비밀금고에 보관했습니다.

2 낮은 단가의 현금수입 대부분을 신고 누락하고 일가족이 부동산 위주의 재산을 증식한 유명 음식점

- ☑ ○○○은 유명 음식점 운영자로 TV에서 소개된 전국 맛집임에도 불구하고 최저생계비에 못 미치는 수준으로 신고했습니다. 단가가 낮은 품목을 취급하는 업종특성상 매출 대부분이 현금으로 결제되는 점을 이용, 매출액을 주기적으로 가족 명의 차명계좌에 입금·관리하며 현금수입금액을 신고 누락했습니다.

- ☑ 탈루한 소득으로 일가족이 고가아파트, 상가건물, 고급자동차를 취득하는 등 주로 부동산 위주의 재산을 증식했습니다.

3 할인을 미끼로 현금결제를 유도해 비보험 현금수입금액을 신고 누락하고 호화생활을 누린 의료업자

- ☑ ○○○은 임플란트 전문 치과를 운영하는 의사로, 비보험 과목에 대해 할인을 미끼로 현금결제를 유도하고 배우자가 실장으로 근무하면서 현금수입금액 신고 누락을 위해 전산차트 및 수동차트를 직접 편집·관리하고, 배우자 및 지인 명의 차명계좌를 사용하는 등 적극적으로 탈세를 공모했습니다.
- ☑ 탈루한 소득으로 배우자 명의의 고가 부동산, 고급 자동차 및 골드바를 취득하고 해외여행을 다니며 호화생활을 누렸습니다.

4 차명계좌 사용, 신고용 이중장부를 작성·보관하며 수입금액을 신고 누락한 식품 제조업체

- ☑ ○○○은 후발 식품 제조업자로 저가 및 무자료 매출을 통한 공격적인 영업활동으로 사업이 성장됐습니다. 영업활동으로는 제품을 무자료로 매출하고 거래대금을 직원과 친인척 명의 차명계좌로 입금받아 관리하며 신고를 위해 별도의 장부를 작성·보관하는 방법으로 수입금액을 신고 누락했습니다.
- ☑ 탈루한 소득으로 고가 주택 및 토지 등 부동산을 취득하면서 고액의 재산을 형성했습니다.

5️⃣ 차명계좌를 통해 사건수임료 및 성공보수료를 입금 받아 수입금액을 신고 누락한 전관 변호사

- ☑ ○○○은 법조계 출신의 전관 변호사로, 법조계 근무 경력을 기반으로 다른 변호사에 비해 2배 이상 높은 수임료를 받아 상당한 수입을 올리고도 직원 및 직원 배우자 명의의 차명계좌를 사용해 사건수임료, 성공보수료 등의 수입금액을 신고 누락했습니다. 또한 현금영수증 의무발행업종임에도 이를 위반해 현금결제금액에 대해 현금영수증 미발급 과태료를 부과했습니다.

6️⃣ 허위 증빙자료를 작성하는 방법으로 성실신고확인대상 병의원의 소득탈루를 도운 세무대리인 중징계

- ☑ ○○○은 안과수술을 전문으로 하는 병의원의 원장으로, 종합소득세 신고를 하면서 소모품비·수선비 등 ○○억 원을 허위로 계상해 경비를 부풀렸습니다. 소액으로 간이영수증 ○만 여건을 허위 작성해 비용 처리하는 방법으로 소득을 탈루했습니다. 또한 수임세무사 ○○○은 증빙서류가 허위 또는 부정한 방법으로 작성된 것을 알면서도 이를 방조하고 성실신고확인서를 작성했습니다.

Q10 병의원 세무조사는 어떻게 하나요?

Q 병원세무조사 시 어떤 관점에서 조사하나요?

A 조사 대상 병원의 전문의가 몇 명인지? 병원인지도는 어떠한지? 건강진단단체에 해당하는지? 개원은 언제 했는지? 등을 검토해 업황을 추정합니다.

공단자료를 소득세신고내역과 검토하게 되며 의료기관에서 구입한 의료기기와 의약품 등을 전년도와 비교 검토해 수입금액 누락이나 비용과다계상 여부를 검토합니다. 페이닥터고용 여부와 종사직원을 파악하게 되며 중요 시설규모를 조사하게 됩니다.

진찰권발행대장이나 의사의 처방전, 의료비계산과 청구의 적정 여부 진단서발급대장 등 각종 대장을 확인합니다. 수술수입금액을 확인하며 MRI 등 의료기기 촬영일지 등을 조사하게 됩니다.

위급차량운행일지 및 입원실환자의 식사비 등이 수입금액에 계산됐는지 등을 검토하게 됩니다.

Q 주로 어떤 업종이 세무조사선정 대상인가요?

A 주로 성형외과와 치과 등 비보험이면서 고액현금수입이 많을 것으로 예상되는 업종에 세무조사가 집중되고 있습니다. 특히 과대광고하는 성형외과 등이 세무조사 대상에 많이 선정되는 경향이 있습니다.

Q 세무조사 나오기 전에 수입금액 관련 장부를 소각하거나 감추게 되면 과세관청에서는 어떻게 세무조사를 하나요?

A 의약품 매입총량에 판매단가를 곱해 1인당 진료비 등을 추정해 계산할 수 있습니다. 또한 납세자는 세금 관련 장부를 5년간 의무적으로 보관해야 하는데 고의적으로 세무조사를 피하기 위해 소각하거나 은닉한 경우에는 조세범처벌법에 의해 처벌받을 수 있습니다.

Q 병원을 운영하면서 세무조사를 대비해서 세무적으로 특히 신경써야 할 부분이 있다면 알려주세요.

A 의사들이 보험회사에 교통사고 등에 대한 의료자문을 해주고 수수료를 받는 경우가 있는데 종종 소득세 신고 시 누락되는 경우가 발생하고 있습니다. 비보험수입금액을 신고 누락하기 위해 현금결제 시 할인혜택을 제공하는 병원이 종종 있습니다. 진료에 불만을 품은 환자들이 탈세제보를 하는 경우가 많으니 조심해야 합니다. 수입금액탈루 사실이 탈세제보로 인해 밝혀지게 되면 각종 가산세 등으로 탈루수입금액 이상 세금과 벌금으로 추징당하게 됩니다.

성형외과의 경우에 발생하지도 않은 손해배상금을 비용으로 계상하거나 경비를 이중으로 계상해 발각되는 사례가 있습니다. 수입금액을 분산시키기 위해 안과의 경우 렌즈실, 이비인후과의 경우 보청기소매업체를 별도 사업자등록을 해 수입금액을 분산하는 경우도 발생하고 있습니다.

Q 병원 운영 시 세금 관련해서 기타 참고해야 할 내용이 있다면 어떤 것이 있을까요?

A 비보험수입금액이 많은 병의원의 경우 탈세제보나 세무조사 운운하며 병의원장에게 금품을 요구하는 사람들이 있습니다. 남의 약점을 잡아 금품을 요구하는 경우 사기꾼이라고 간주하고 협박에 넘어가지 않도록 해야 합니다. 결국 길게 보면 적법한 절세방법을 찾아 성실하게 세금을 신고하는 것이 탈세를 하다가 엄청난 세금을 추징당하는 것보다 훨씬 현명한 방법입니다.

병의원 세무조사 이유

Q 병의원에 대해 세무조사를 나오는 이유는 무엇인가요?

A 다음과 같은 경우에 세무조사 나올 가능성이 높아집니다.

- ☑ 신고비율이 전년도에 비해 많이 차이가 나는 경우
- ☑ 신고소득률이 동종업계에 비해 많이 차이가 나는 경우
- ☑ 손익계산서상의 계정과목이 전년도 대비 지나치게 차이가 나는 경우
- ☑ 소득신고 금액에 대비해 고가의 부동산을 취득하는 경우(PCI 시스템)
- ☑ 세금계산서나 계산서 제출이 누락되는 경우
- ☑ 소득세신고내용에 오류나 탈루가 많은 경우
- ☑ 내부직원 또는 환자의 탈세제보가 있는 경우
- ☑ 고용의(페이닥터) 명의로 복수의 사업자등록을 해 운영하는 네트워크병의원

Q 비율분석에 의한 세무조사 대상에 선정되는 사례를 알수 있을까요?

A 치과의 경우에 원재료비용 중에 금매입액이 상당부분을 차지합니다. 그런데 금매입자료가 전년도 대비 갑자기 상승했다면 과세관청에서는 매출 누락을 했거나 가공으로 금매입자료를 수취했다고

의심해 세무조사 대상에 선정하기도 합니다. 한가지 예를 더 들어 보겠습니다. 한의원의 경우 원재료비 중에 녹용 부분이 상당 부분을 차지합니다. 마찬가지로 녹용매입액이 전년대비 지나치게 상승했다면 매출 누락이나 가공매입혐의로 세무조사 대상에 선정되기도 합니다. 그러므로 병의원장님께서는 본인의 원재료구입액이 어떻게 과세관청에 신고되고 있는지 관심을 가지고 체크해 봐야할 것입니다. 성형외과의 경우에 광고선전비나 의료사고 손해배상금이 전년 대비 변동폭이 크다면 당연히 과세관청으로부터 소득금액 신고 누락의 혐의를 받아 조사 대상에 선정되기도 합니다.

Q PCI 시스템에 의한 조사사례를 알려주시기 바랍니다.

A 일산에서 작은 치과를 운영하는 원장님이 자녀교육 목적으로 강남의 8학군으로 이사를 가기로 결정하고 일산의 아파트를 팔아서 강남의 아파트를 구입하기로 계획을 세웠습니다. 우선 자녀교육을 위해 먼저 강남의 8학군 근처에 아파트를 장만했습니다. 그런데 당초 계획에 차질이 발생한 것입니다. 금방 매각될 줄 알았던 일산의 아파트가 매각되지 않는 것이었습니다. 그 치과 원장님은 본의 아니게 1세대 2주택자가 됐습니다. 그것도 강남의 8학군에 아파트를 소유하게 된 것입니다. 신고소득 대비 부동산 취득가액이 월등하게 높아서 결국 PCI 시스템에 의해 세무조사 대상에 선정되고 말았습니다. 그러므로 부동산을 취득할 때는 가능하면 세무전문가의 자문을 구한 후에 등기를 하시는 것이 불필요한 세무간섭을 줄이는 길이라고 생각합니다.

Q 내부탈세제보나 환자들에 의한 탈세제보가 많이 발생하고 있나요?

A 압구정동에서 성형외과를 운영하는 나성형원장이 상담실장과 부적절한 관계에 있다가 상담실장에게 휘둘리기 시작하자 급기야 상담실장을 해고하게 됐습니다. 앙심을 품은 상담실장이 탈세제보를 하게 됐고 엎친 데 덮친 격으로 수술이 잘못되어 분쟁이 있던 환자가 현금영수증 미발급으로 고발을 하게 되었습니다. 세무조사를 받은 나성형 원장은 수십억 원의 세금추징과 더불어 조세범처벌을 피할 수 없게 됐습니다.

Q 의사 1명이 다른 지역에 또 다른 병의원을 개원할 수 있나요?

A 현행법상 의사 1명이 1개의 병의원만을 개원할 수 있게 돼있습니다. 그런데 자금력을 가지고 있는 유명 병의원의 경우 규정을 위배하며 다른 지역에 봉직의를 고용해 네트워크병의원을 운영하고 있는 경우가 있습니다. 국세청에서는 금융감독원 산하 금융정보분석원(FIU)으로부터 고액 금융거래를 확보해 이러한 네트워크병원에 대해 세무조사를 강화하고 있습니다. 세무조사 시 고용의사가 신고한 소득금액을 사실상의 원장의 소득으로 계산해 세금을 추징하고 있습니다. 실제로 최근 네트워크 병원장이 수십억 원의 세금을 추징당한 사례가 있습니다.

병의원 세무조사 실제 사례 모음

Q 병의원 양수도 시 세무조사 대비 유의사항을 알려주시기 바랍니다.

A 병의원 양수를 하는 경우 일반적으로 영업권을 지급하게 되는데 영업권을 장부상에 계상하는 경우에 양도자에게는 기타 소득에 해당되는 것입니다. 기타 소득에 해당하면 총영업권지급액에 대해 기타 소득원천징수세율을 곱해서 산출한 원천징수세액을 국가에 납부해야 합니다. 양도자에게는 원천징수금액을 차감한 금액을 지급해야 합니다. 영업권으로 계상하는 경우에 원천징수문제가 발생하고 양도자가 기타 소득으로 소득세부담이 높아지는 것을 꺼려하기 때문에 통상적으로 영업권 대신에 고정자산양도로 계약서를 작성하는 경우가 일반적입니다. 고정자산양도로 계약서를 작성하는 경우에는 고정자산가액을 너무 터무니없이 고가로 작성하지 않도록 유의해야 합니다. 세무조사 시 고가로 계상된 고정자산에 대한 감가상각비가 부인되는 사례가 발생하고 있기 때문입니다.

고정자산가액에 대한 감가상각비가 부인되는 것을 예방하려면 인수하는 고정자산에 대해 감정평가사의 감정을 받아 고정자산가액을 결정하는 것이 좋습니다.

병원설립자금이 부족해 병의원 설립 시 대출이나 사채를 이용하게 되는데 은행이자와 사채이자는 병의원의 손익계산서에 비용으로 계상하게 됩니다. 이때 주의해야 할 사항은 사채이자 지급 시에는 반드시 이자소득에 대한 원천징수를 해 국가에 납부해야 합니다. 그런데 일반적으로 사채권자가 자신의 소득세부담이 증가하는 것을 꺼려해 원천징수하는 것을 싫어합니다. 사채업자에게 지급한 이자를 원천징수 하지 않고 손익계산서에 비용으로 계상하는 경우에는 세무조사 시 사채업자의 이자소득 탈루에 대해 소득세를 추징하게 됩니다.

설립자금 투자 금액에 대해 병원의 지분율을 주기로 약정하고 비공식적으로 매년 배당을 주는 경우도 있는데 비공식적으로 지급하는 배당금에 대해서도 이자소득이나 증여금액으로 간주해 세무조사 시 세금을 추징하게 됩니다.

봉직의 등에게 급여를 지급할 때 네트급여로 지급하기로 하고 4대 보험료 등을 대납해 주는 경우가 많습니다. 4대 보험료 대납액에 대해 세무조사 시 고용의사의 근로소득으로 보고 종합소득세를 추징하게 됩니다. 그러므로 네트급여방식으로 급여를 지급하는 것은 바람직한 방법이 아닙니다.

Q 프랜차이즈 병원에 대한 세무조사사례를 알고 싶어요.

A 프랜차이즈 병원의 경우 병원경영지원회사(MSO)를 통해 탈세하고 있는 사실이 밝혀졌습니다. 가맹비의 일부를 병원경영지원회사를 통해 현금으로 받고 신고 누락 해 세무조사 시 세금이 추징된 사례가 최근에 발생했습니다. MSO를 통한 매입액에 마진을 붙여 다시 본지점에 납품하면서 본지점의 필요경비를 과다하게 계상하는 편법을 동원하기도 합니다. 또한 병원과 MSO 간에 광고비를 과다계상해 병원의 경비를 부풀리기도 합니다. 과세관청에서는 부풀린 경비에 대해 세무조사 시 부당행위계산 부인규정을 적용해 세금을 추징했습니다.

Q 병원의 변칙경비처리에 대한 세무조사사례를 알고 싶어요.

A 빈번한 해외여행비용을 해외출장비로 계상한 사례, 원장 개인의 여가생활비인 요트, 승마비용을 직원의 복리후생비로 계상한 사례, 실제 근무하지 않는 원장의 배우자를 상담실장으로 해 가공인건비 계상사례, 상품권을 과도하게 매입해 구입단계에서 지급수수료로 1차 경비처리를 하고 실제 지출단계에서 또다시 복리후생비로 이중 계상하는 사례, 원장 개인의 골프비용과 주대를 접대비로 계상한 사례 등에 대해 과세관청에서는 변칙경비처리로 보고 필요경비 부인해 세금을 추징하게 됩니다. 특히 최근에 차량에 대한 감가상각비 계상방법이 대폭적으로 개정 또는 신설됐습니다. 일부 부유층들이 고가 외제차를 법인의 자금으로 구입해 사적으로 사용하는 것에 대해 사회적 지탄을 받은 것이 언론에 보도된 이후에 차량 감가

상각에 대한 규제가 강화되었습니다. 업무용으로 사용한 승용차에 대해 연간 1,000만 원 한도 내에서 차량 관련 비용으로 계상할수 있도록 개정됐으므로 고가 승용차에 대한 감가상각비 등을 과도하게 비용으로 계상하는 사례가 없어져야 합니다.

> **사례**
>
> 노인들에게 제공하는 무릎수술의 경우 보험관리공단으로부터 수술비의 80%를 지급받는 수술로서 수술횟수를 증가시키기 위해 노인들에게 무료 및 저가로 수술을 수행한 경우가 확인됐습니다. 이처럼 임의감액한 수술비에 대해서는 수입금액에 가산하고 접대비로 보아 한도시부인 한 사례가 있습니다.
>
> 사례의 한의원은 방송출연으로 유명도가 있는 원장이 운영하는 한의원으로 한의원 진료 시 침치료와 한약복용을 병행해 진행했습니다. 또한 해당 내용을 인터넷에 광고하기도 했습니다. 이러한 인터넷 광고와 원장의 유명도를 보고 환자가 많을 것으로 판단해 중점적인 조사를 한 사례입니다. 매출액 누락분을 확인하기 위해 한약 배달용 택배비 영수증을 확인했습니다. 한약의 경우 지연배달 및 한약파손 등의 사고대처를 위해 택배비 영수증을 잘 보관하고 있었습니다. 이러한 택배비 영수증을 통해 매출 누락을 확인한 사례입니다.
>
> 사례의 병원은 애완용 동물에 대한 진료수술과 예방접종 등을 전문으로 하고 있으며, 애완용 동물 사료와 관련 용품 등 소매업을 겸업하고 있는 동물병원입니다. 사례의 동물병원은 대부분의 수술, 진료, 예방접종 등의 수입금액은 전산프로그램으로 관리해 정확하게 신고한 것으로 판단됐습니다. 다만, 애완견의 미용 관련이나 사료용품의 판매 등에 대해서는 매입 시 세금계산서를 받지 않는 방법을 통해 매출을 낮춰서 신고하는 것으로 확인돼 추징된 사례입니다.

Q 13 고소득 자영업자 세무조사

Q 고소득 자영업자란 어떤 사업자를 말하는 것인가요?

A 국세청에서 세금탈루 위험이 높고 현금거래비중이 많다고 판단하는 의사, 전문자격사, 호화주점, 음식업자 등을 말합니다.

Q 고소득 자영업자들의 세무조사 실태가 어떤지 알고 싶어요.

A 현금거래가 높은 고소득 자영업자를 대상으로 국세청이 실시한 세무조사 건수가 최근 3년 새 2배 늘어난 것으로 나타났습니다. 국세청은 숨은 세원 양성화와 세법질서 확립을 국세행정 운영방향의 핵심가치로 선정해 탈세자에 대한 엄정한 과세를 추진해오고 있습니다.

특히 자영업자와 봉급생활자와의 세부담 불균형 시정을 위해 각 지방청에 '숨은 세원 양성화 전담분석·조사팀'을 설치해 탈세혐의가 큰 고소득 자영업자의 과표 양성화를 중점적으로 추진해오고 있습니다.

최근 국세청에서는 서민들을 상대로 사업자로서의 우월한 위치나 관계를 이용해 폭리 및 불법·편법행위 등으로 높은 소득을 올리면서 세금을 탈루한 혐의가 있는 민생 관련 고소득 자영업자 등 103명에 대해 세무조사에 착수했습니다. 세무조사결과 사기 기타 부정한 행위로 세금을 포탈한 사실이 확인되는 경우에는 세금추징은 물론 조세범처벌법에 따라 검찰에 고발하는 등 엄정한 업무처리를 진행하고 있습니다.

Q 구체적으로 어떤 탈세사실이 적발됐나요?
A 고소득 자영업자에 대한 세무조사 시 밝혀진 탈세 사례는 다음과 같습니다.

> **사례**
>
> ☑ 성공보수를 차명계좌로 입금 받아 신고 누락하고 고용 변호사를 공동사업자로 허위등록해 소득금액을 분산신고한 사례
>
> ☑ 성형관광 브로커를 통해 외국인 성형환자를 모집하고 수술비는 직원명의 차명계좌로 받아 수입금액을 누락하고 발생하지도 않은 손해배상금을 비용으로 계상한 혐의
>
> ☑ 근무사실이 없는 친인척을 임대관리인으로 꾸며 인건비를 허위계상하는 방법으로 소득금액을 탈루한 사례
>
> ☑ 할인을 조건으로 고액 수술비의 현금결제를 유도하고 현금수입은 차명계좌로 관리하는 방법으로 수입금액을 누락한 사례
>
> ☑ 비사업자에게 제공한 설계용역 신고 누락
> 모든 설계, 측량용역은 관할 지방자치단체에 명단을 보고하므로 신고내역과 보고명단을 크로스 체크해 비사업자에 대한 매출 누락액을 적출함.
>
> ☑ 골프연습장의 개인사물함 사용인원 수를 확인해 신고된 수입금액과 대사한 결과 거액의 매출 누락사실이 적발된 사례
>
> ☑ 사우나업자의 매출 누락액을 1인당 수도사용량을 환산한 후 입욕객 수를 역산해 수입금액 누락액을 적발한 사례
>
> ☑ 헤어디자이너와 헤어숍과의 도급계약서를 근거로 수수료지급비율을 확인하고 수수료지급비율을 근거로 매출 누락액을 적발한 사례

학원, 유흥주점의 세무조사 포인트에는 어떤 점이 있나요?

Q 학원의 경우 세무조사 포인트는 어떤 점이 있나요?

A 학원의 세무조사 포인트는 역시 현금매출 누락입니다. 다른 업종과 마찬가지로 신용카드 매출은 드러나므로 현금 결제를 유도해 매출을 누락하는 것입니다.

Q 어떻게 현금매출 누락을 확인하나요?

A 여러 가지 방법이 있습니다. 학원의 운영반과 학원생의 수, 강사 수를 확인해 매출을 계산해볼 수 있으며 거래처와의 교재구입내역이나 학원 내 매점의 판매수입을 파악할 수 있습니다.

Q 유흥주점의 경우 세무조사 포인트는 어떤 점이 있나요?

A 주로 확인하는 포인트는 대략 다음과 같습니다.
현금매출 누락, 무자료주류 매입, 위장 신용카드 가맹점, 봉사료 과다계상, 명의위장 사업장 등입니다.

Q 포인트별 설명을 간단히 부탁드립니다.

A 현금매출 누락은 말 그대로 현금을 유도해 받은 후 매출 신고를 적게 하는 경우입니다.

무자료주류 매입의 경우 유흥업소는 주류 매입액이 수입금액 산정의 중요 기준에 따라 이를 회피하기 위해 주류 도매상, 재래시장, 대형할인마트 등에서 무자료 주류를 구입해 수입금액을 누락하는 경우입니다.

유흥주점이 개별소비세 과세대상인 경우에는 인근에 유사 상호로 노래방 또는 단란주점으로 사업자등록을 하고 유흥주점의 매출액을 노래방 또는 단란주점의 매출로 분산하기도 합니다. 유흥주점의 봉사료는 공급가액과 구분기재하는 경우 매출에서 차감하는 사항을 이용해 봉사료를 과다하게 계상하거나 웨이터에게 지급한 금액도 봉사료로 계상하는 경우가 있습니다.

명의위장의 경우 실제 명의자가 아닌 경제적 무능력자를 내세워 사업하는 경우를 말합니다.

숙박업의 세무조사 포인트에는 어떤 점이 있나요?

주로 확인하는 포인트는 영업회전율, 수입금액 탈루 여부, 별도계좌 및 차명계좌, 소모품 사용량 확인 등입니다.

Q 포인트별 설명을 간단히 부탁드립니다.

A

1 영업회전율 확인

세무조사기간 중에 현장실사를 해 하루에 이용객 수가 몇 명이고 객실 이용률이 어느 정도인지 파악한 후 1년 영업일수로 환산하는 방법입니다. 정확성을 높이기 위해 월별로 영업회전율을 체크해 변동이 큰 월을 기준으로 확인하기도 합니다.

2 수입금액 탈루 확인

✔ 숙박업자가 별도로 관리하는 수기장부나 엑셀자료가 있는 경우에 이를 토대로 실제 신고한 수입금액과 비교해 내용을 확인합니다.

✔ 사업자의 수입금액 입금계좌는 대부분 사업장 인근의 은행을 이용하는 경우가 많으므로 이를 확인하며, 특히 사업장 주변의 은행에서 가족이나 지인 명의의 통장을 지속적으로 사용하는지 체크합니다.

3 별도계좌 및 차명계좌

사업용계좌나 차명계좌를 확인하며, 사업용계좌 중 이체내역이 어느 하나의 계좌로 집중되는 경우 해당 계좌에 대한 금융거래 확인을 실시해 수입금액 누락이 있는지를 확인합니다.

사업기간 동안 사업자 및 특수관계인의 금융재산이 꾸준히 증가해 부동산 등을 취득했으나 자금출처가 불분명한 경우 해당 자금의 유입경로를 확인해 차명계좌의 관리나 수입금액 탈루가 있는지 확인합니다.

4 소모품사용량 확인

세탁업체, 칫솔, 면도기 등의 소모품 납품업체를 파악해 객실 사용 대비 주문량을 비교 분석해 수입금액 탈루를 파악합니다.

Q16 일반 자영업의 세무조사 사례를 알고 싶어요!

1 미용실의 사례

다른 업종과 마찬가지로 현금 누락이 주 포인트입니다. 사례의 미용실은 단골고객에게 방문 횟수에 따라 적립해주고 일정 횟수가 되면 혜택을 주는 적립카드를 유지하고 있어 그 내역으로 매출 누락 부분을 확인한 사례가 있습니다. 또한, 수입금액이 확인되는 일정기간에 수입금액과 미용재료 매입액 사이의 비용의 관계비율에 의해 수입금액이 확인되지 않는 기간에 미용재료 매입액을 기초로 미용실 수입금액을 추계한 것은 합리성과 타당성이 있는 과세라는 판례도 있습니다.

2 서점업의 사례

서점의 경우 책의 판매는 부가가치세 면세입니다. 일부 대형 서점의 경우 단순히 서적만을 판매하는 것이 아닌 도서 외의 문구, 음반 등의 다양한 품목을 판매합니다. 이러한 항목 중 일부는 부가가치세가 과세되는 항목입니다. 사례의 서점에서는 어린이 학습용품인 퍼즐, 블록, 입체모형 또는 장난감류를 판매하면서 부가가치세 과세 항목임에도 면세매출액으로 해 부가가치세를 누락해 세무조사 과정에서 확인된 사례가 있습니다.

3 수산업의 사례

어업 특성상 조업기간이 정해져 있어 수매대금이 단기간에 거액으로 입금되고, 주된 비용인 인건비 및 수선유지비 등은 일시에 지급되고 있는 상황입니다. 사례의 업체는 수매대금을 예금으로 입금해 관리하면서 배우자 및 자녀에게 거액을 송금해 증여했음에도 불구하고 증여세 신고를 하지 않아 증여세를 과세한 사례가 있습니다.

IV

세무조사 양도, 상속, 증여

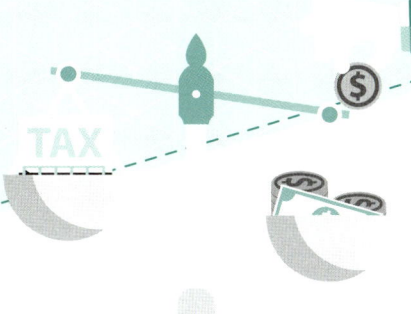

01 1세대 1주택에서 1세대란 무엇인가요?
02 무허가주택도 1세대 1주택 비과세받을 수 있나요?
03 1세대 1주택에서 30세 미만의 미혼 자녀가 있는 경우 1세대 인정 여부
04 일시적인 1세대 2주택 주의사항
05 등기원인을 이혼위자료 대가로 부동산을 소유권이전하면 양도소득세가 과세되나요?
06 양도소득세 세무조사로 추징받을 때 언제까지 추징되나요?
07 양도소득세를 내지 못했을 때 세금에 대한 소멸시효는 몇 년인가요?
08 양도소득세의 억울한 처분을 구제받기 위한 과세전적부심사제도는 무엇인가요?
09 미등기 부동산을 양도하면 어떤 불이익이 있나요?
10 미등기 부동산양도에 대한 사례를 알고 싶어요!
11 실제 자경을 하지 않았는데 쌀직불금 수령확인서, 농지원부, 고정직불금신청현황표, 경작사실확인서류가 있습니다. 양도세 자경감면을 받을 수 있나요?
12 직장에 다니는 경우 8년 자경 농지 감면이 가능한가요?
13 다른 소득이 있는 경우의 농지에 대한 8년 자경감면 여부
14 농지에 대한 8년 재촌 자경감면구비서류
15 자경감면을 받으려면 실제 농지여야 하고, 양도 당시에도 농지여야 하는데 과세관청에서는 어떻게 확인하나요?
16 부동산 허위양도계약서를 작성해 양도소득세를 신고하는 경우 세무조사해 추징되나요?
17 부동산 취득 시 다운 계약서를 작성했는데 어떻게 하죠?
18 오피스텔 구입 시 환급받은 부가가치세의 추징사례
19 상속을 포기할 수도 있나요?
20 상속세 세무조사가 가장 무서워요!
21 상속개시일 전 처분자산이 상속재산에 포함되나요?
22 임차인이 신축건물 사용수익 후 무상이전했어요!
23 완전포괄주의과세가 뭐예요?
24 부담부증여로 받은 부동산은 어떤 경우에 세무조사 대상이 되나요?
25 부담부증여를 하면 증여자와 수증자에게 어떤 세금이 과세되나요?
26 동생에게 주식을 저가로 양도했는데 증여세가 과세되나요?
27 부모님으로부터 받은 고액전세보증금도 세무조사를 받나요?
28 부모님이 자녀의 부동산 담보대출을 대신 갚아줬는데 자금출처조사 대상이 되나요?

1세대 1주택에서 1세대란 무엇인가요?

세대는 세법상 비과세되는 주택 수를 판정하는 단위며, 1세대 1주택의 비과세특례를 적용하는 기준이 됩니다.

1세대란, 본인(거주자) 및 그 배우자가 그들과 동일한 주소 또는 거소에서 생계를 같이하는 가족과 함께 구성하는 단위를 말합니다. 생계를 같이하는 가족이란, 동일한 생활공간에서 동일한 생활자금으로 생계를 같이하는 거주자와 그 배우자의 직계존비속(그 배우자를 포함) 및 형제자매를 말합니다.

이 경우 가족은 거주자와 그 배우자의 직계존비속(그 배우자를 포함한다)및 형제자매를 말하며, 취학·질병의 요양, 근무상 또는 사업상의 형편으로 본래의 주소 또는 거소를 일시 퇴거한 자를 포함합니다(소득세법집행기준 89-154-1).

사례

☑ **배우자의 직계존속 기준**

배우자의 직계존속(친정부모 포함)과 배우자의 형제자매(처제·처남 포함)도 동일한 주소에서 생계를 같이하는 경우에는 가족의 범위에 포함되는 것이나, 형제자매의 배우자(형수·제수·동서·형부·제부 포함)는 가족의 요건에서 제외된다(서일46014-11713, 2002.12.17.).

☑ **양자의 직계존속 기준**

양자의 직계존속에는 양부모와 생부모를 모두 포함하며, 양자가 양가와 생가 중 어느 세대에 속하는지는 형식상의 주민등록 내용에 불구하고 실질적으로 생계를 같이 하는지 여부에 따라 판단한다(소득세법 집행기준 89-154-7).

☑ **부부 간의 세대 기준**

부부 간은 각각 단독세대로 분리해 사실상 생계를 달리하더라도 항상 동일한 세대로 봅니다(소득세법 기본통칙 89-2). 만일, 법률상의 혼인에 대해 협의상 이혼하거나 재판상 이혼의 절차를 이행하더라도 사실상 이혼이 아닌 것으로서 양도소득세 회피용으로 이혼에 해당하는 경우에는 혼인 상태가 지속되는 것으로 봅니다.

부부가 각각 단독세대를 구성하거나 가정불화로 별거한 경우에도 같은 1세대로 봅니다. 현행 민법에서 혼인은 가족관계의등록등에관한법률에 따라 신고함으로써 그 효력이 생긴다고 규정하고 있어, 부부가 각각 단독세대를 구성하거나 가정불화로 별거 중이라도 법률상 배우자는 같은 세대로 봅니다(소득세법 집행기준 89-154-3).

☑ 장모의 의료보험피부양자 자격을 취득하기 위해 주민등록을 옮긴 경우는 사실상 생계를 달리 한다면 동일세대로 볼 수 없습니다.

양도자의 장모는 이혼 이후 부양할 가족이 없어 의료보험피부양자 자격을 취득하기 위해 양도자의 주소로 주민등록을 옮겼을 뿐인 경우에는 사실상 생계를 달리하고 있으므로 동일세대로 볼 수 없습니다(국심사양도2003-3001, 2003.8.11.).

> ☑ **1세대를 구성하고 있는 본인과 배우자가 아들과 세대를 구성하고 있는 경우 동일세대 파악하기**
>
> 본인이 단독으로 1세대를 구성하고 배우자는 그들의 아들과 1세대를 구성해 생계를 같이 하고 있는 경우에 본인과 그 배우자는 세대 또는 생계를 달리해도 같은 세대원으로 봅니다. 그러나 그 아들이 1세대 구성원을 갖춘 경우에는 본인과 그 아들은 같은 세대원으로 보지 않습니다(소득세법 집행기준 89-154-9).

Q 1세대 1주택 규정은 단순한데요. 주변에서는 1세대 1주택임에도 불구하고 세금폭탄을 맞은 사람들이 많습니다. 어떤 경우에 1세대 1주택인데도 세금이 부과되는지 알고 싶어요.

A 네, 실제로 1세대 1주택인 아파트를 소유하고 있는 저희 거래처 김 사장님의 사례로 설명하겠습니다. 김 사장님은 파주시 야당동에 있는 아파트에 살고 있습니다. 2년 전 지인의 소개로 인천송도에 오피스텔을 취득하게 됐습니다. 인천 송도가 국제도시로 부상하면서 송도에 있는 오피스텔에 투자하면 상당한 이익을 보게 될 것이라는 지인의 말을 믿고 투자하게 된 것이죠! 분양회사 직원으로부터 "오피스텔에 투자하면 부가가치세환급도 받게 되고 오피스텔은 상가에 해당하니 파주시 야당동에 있는 아파트에 대해 1세대 1주택 비과세를 혜택을 받는데 전혀 문제될 것이 없다"는 설명을 듣고 안심하고 오피스텔에 투자를 했습니다. 그런데 작년에 갑자기 관할세무서로부터 4,000만 원의 부가가치세 고지서가 송달되었습니다.

Q 아니, 아무 문제 없다던 오피스텔에 대해 왜 부가가치세 고지서가 발송됐죠?

A 오피스텔을 취득하고 바로 임대를 놓게 됐는데 임차인이 그 오피스텔에서 거주하고 있었던 것입니다.

Q 임차인이 거주하는 것과 김 사장님의 부가가치세 고지서가 무슨 상관이 있나요?

A 네, 오피스텔은 사용용도에 따라 주택으로 보기도 하고 상가로도 볼 수 있는 복합용도를 가지고 있습니다. 그런데 김 사장님의 오피스텔은 임차인이 거주하고 있으므로 주택으로 보게된 것이고 주택의 취득에 대해서는 당연히 부가가치세 환급을 받을 수 없게 되는 것입니다. 부가가치세 환급을 받을 수 없었음에도 김 사장님은 부가가치세환급을 받았으므로 인천세무서에서는 환급 받은 부가가치세를 토해내라고 고지서를 내보낸 것이죠! 오피스텔은 당초 취득할 때 주거로 사용할 것인지 상가로 사용할 것인지 투자 목적을 분명히 하고 부가가치세 환급 여부를 결정해야 합니다.

Q 김 사장님의 경우에 파주시 야당동에 있는 아파트는 1세대 1주택 비과세를 적용받을 수 있나요?

A 네, 좋은 질문입니다. 실제로 김 사장님은 갑자기 급전이 필요해서 파주시 야당동에 있는 아파트를 팔게 됐습니다. 당연히 1세대 1주택 비과세에 해당하는 줄 알고 세무서에 양도소득세 신고도 안 했습니다. 그런데 또 파주세무서에서 5,000만 원의 양도소득세

고지서가 발송됐고 고지서를 받은 김 사장님은 깜짝 놀라 기절할 뻔 했습니다. 하늘이 무너지는 충격을 받았습니다.

Q 아니 1세대 1주택인데 왜 고지서가 발송되나요?

A 김 사장님은 1세대 2주택자에 해당합니다. 인천 송도의 오피스텔이 임차인이 주거하고 있기 때문에 오피스텔을 주택으로 간주했습니다. 결국 김 사장님은 1세대 2주택 상태에서 그 중 1주택인 파주시 야당동 아파트를 팔았기 때문에 1세대 2주택자가 먼저 양도하는 주택은 무조건 과세되는 세법조항으로 인해 납세고지서를 받게 됐습니다. 세법의 무지로 인해 결국 김 사장님은 인천 송도의 오피스텔에 대해 부가가치세를 가산세를 포함해서 토해내고 파주시 야당동의 아파트는 거액의 양도소득세를 부담하는 세금폭탄을 맞게 됐습니다.

부동산의 소유권이전등기에 대해서는 반드시 세법전문가의 자문을 받아서 실행해야 억울한 세금을 부담하는 사례가 없을 것입니다.

02

무허가주택도 1세대 1주택 비과세 받을 수 있나요?

무허가 주택도 실질적으로 주거를 하며 주택으로 사용되고 있다면 세법상 주택으로 보아 1세대 1주택 비과세 규정이 적용됩니다. 다만, 등기부등본, 건축물대장으로 확인되지 않으므로 실제 주택이라는 것을 납세자가 입증해야 합니다.

홍길동 씨는 비닐하우스 안의 무허가 주택에 10년간 거주하며 자녀들을 키우고 출가시켰습니다. 비닐하우스 안의 무허가 주택을 양도하고 아파트를 구입해 입주를 기다리고 있었습니다. 그런데 세무서에서 토지 양도에 대한 양도세 1억 원을 납부하라는 고지서를 받았습니다. 1세대 1주택은 비과세라는 규정을 익히 알고 있어서 마음을 놓았던 홍길동 씨에게는 청천병력 같은 소리였습니다. 인근의 세무사에게 찾아가서 상담했습니다. 비닐하우스 안의 주택이 기둥이 있으며 지붕이 있고 벽이 설치돼 건물로 볼 수 있고, 그 건물이 실제 주거용으로 사용했다면 주택으로 간주해 1세대 1주택 비과세가 가능하다는 반가운 소식을 들었습니다. 다만, 납세자가 입증자료를 수집해 세무서에 제출하고 실질판단을 받아봐야 하는 부담은 있습니다. 이때부터 세무사와 홍길동 씨는 관련 입증 자료들을 찾아봤습니다. 우선, 전기료, 수도료로써 사람이 살고 있었다는 간접적인 서류를 확보했습니다. 그리고 자녀가 군대에 있을 때 부모님 댁에 편지를 보낸 것을 모두 보관하고 있었습니다. 편지지 봉투에 주소가 비닐하우스 주소였습니다. 그리고 결정적인 것은 자녀가 초등학교 때 어버이날 학교에서 쓴 편지를 집으로 보낸 적이 있는데 이 역시 현재 주소였습니다. 또는 그동안 신용카드 이용대금 청구서의 수령지가 적힌 편지봉투 등이 있었습니다. 이러한 간접적인 증빙서류들을 제출한 결과 주택으로 인정되어 비과세 혜택을 받았습니다. 그 동안의 서류들을 잘 보관해 입증서류를 확보하는 데 큰 어려움이 없었습니다. 이와 같이 무허가 주택이더라도 실질과세의 원칙에 따라 실제 주택이라면 1세대 1주택 비과세 대상이 됩니다.

1세대 1주택에서 30세 미만의 미혼 자녀가 있는 경우 1세대 인정 여부

Q 현재 1세대 1주택입니다. 외국에 유학 간 자녀가 있습니다. 30세 미만이고 미혼입니다. 별도세대로 분리했고 1주택이 있습니다. 1세대 1주택인 줄 알고 현재의 주택을 양도했는데, 자녀도 같은 세대로 봐서 추징됐습니다. 구제 방법은 없을까요?

A 현행 세법상 30세 미만의 미혼 자녀는 부모님과 별도의 세대를 구성하더라도 부모님 슬하에 같이 있는 같은 세대로 봅니다. 하지만 실제로 경제적 독립을 했고 별도세대로 분리된 것이 입증된다면 실질과세원칙에 따라 별도세대로 봐서 1세대 1주택 비과세가 가능합니다. 이 경우에는 납세자가 자녀의 실질적인 경제적인 독립을 주장하고 입증도 해야 하는 부담이 있습니다. 과거의 예규나 판례를 보면 다음과 같습니다. 자녀가 멀리 있는 직장에 취직해 부득이 세대를 분리하고 명백히 생활권역이 다른 경우, 별도 세대로 인정해준 사례가 있습니다. 또 다른 사례로는 외국에 유학 간 자녀에 대한 이야기입니다. 자녀가 미국에 박사과정으로 2년 전에

유학을 떠났습니다. 부모님으로부터 등록금 등 일체의 지원을 받지 않고 장학금과 조교생활로 2년을 보냈습니다. 조교생활로 연간 2,000달러의 고정적인 수입이 있고 2년여 동안 부모님으로부터 경제적인 지원을 받지 않은 것으로 봐서 별도의 경제적인 독립세대로 본다는 내용입니다. 하지만 또 과거의 다른 예규에서는 같은 세대로 본 사례가 있으니 주의를 기울여야겠습니다. 30세 미만의 미혼자녀가 주택이 있는 경우 별도의 세대를 구성했더라도 같은 세대로 볼 가능성이 크므로 사전에 꼭 전문가와 상담해야 합니다. 사전상담을 통해 실제로 독립요건을 갖추는 것도 절세의 방법입니다.

일시적인 1세대 2주택 주의사항

Q 일시적인 1세대 2주택자입니다. 종전의 주택을 취득하고 11개월 후 또 다른 주택을 취득해 일시적인 1세대 2주택이 됐습니다. 종전 주택을 2년 보유 후 9억 원에 양도했습니다. 새로운 주택을 취득 후 종전 주택을 3년 이내에 양도하면 종전 주택은 1세대 1주택으로 비과세인줄 알고 신고를 안했습니다. 그런데 1년 후 2억 원의 양도세가 추징됐습니다. 무엇이 잘못된 것인가요?

A 1세대 1주택 비과세규정은 많은 사람들이 알고 있습니다. 그리고 비과세 중에서 가장 큰 금액으로 혜택을 보는 것 입니다. 그러나 너무 쉬운 이 규정이 실무적으로 판단할 때는 가장 어려운 규정에 속하기도 합니다. 저 역시 1세대 1주택 상담은 긴장하면서 많은 시간을 들여 규정을 체크합니다. 잘못 판단하면 추징세액이 크기 때문입니다.

우선 일시적인 1세대 2주택 규정을 살펴보면 다음과 같습니다.

> **[일시적인 1세대 2주택 조건]**
> 종전 주택을 취득 후 1년이 경과한 후 새로운 주택을 취득한 경우를 말합니다.

위 의뢰인이 추징된 이유는 종전 주택을 취득한 기간이 1년이 경과되지 않은 상태에서 새로운 주택을 취득했기 때문에 일시적인 1세대 2주택 규정을 적용받을 수 없는 것입니다. 사전에 세무상담을 통해 검토하고 새로운 주택을 11개월 후가 아닌 한 달만 더 있다가 잔금을 치러 12개월 후에 취득했다면 비과세가 되었을 것입니다.

안타까운 사연을 접할 때마다 세금에 대한 사전지식과 전문가와의 상담이 중요함을 다시 한 번 깨닫게 됩니다.

등기원인을 이혼위자료 대가로 부동산을 소유권이전하면 양도소득세가 과세되나요?

Q 이혼 시 상대방으로 받는 위자료가 세금폭탄이 되는 경우가 있다는 것 알고 계시나요?

A 이혼 시 상대방으로 받은 부동산에 대해 등기를 어떻게 하느냐에 따라 세금이 과세되기도 하고 비과세되기도 합니다.
위자료로 5억 원짜리 아파트를 받았다고 가정하겠습니다.

Q 첫 번째 등기 원인을 위자료라고 기록했다면 세금이 어떻게 될까요?

A 등기원인을 위자료라고 기재하면 배우자가 상대 배우자에게 부동산을 양도한 것으로 보아 양도소득세가 과세됩니다. 양도차익에 따라 수천만 원 또는 수억 원의 양도소득세를 부담하셔야 합니다.

Q 두 번째 등기원인을 재산분할청구라고 한다면 어떻게 될까요?

A 등기원인을 재산분할청구라고 기재하면 부부 공동재산의 분할로 보아 양도소득세가 비과세가 됩니다.

Q 세 번째 등기원인을 증여를 기재했다면 어떻게 될까요?

A 이 경우에는 이혼으로 호적정리가 되기 전에 증여등기를 했는지 또는 이혼으로 호적정리가 된 후에 증여등기를 했는지에 따라 세금이 달라집니다.

호적에 이혼기재가 되기 전에 등기를 했다면 배우자 공제 한도액 6억 원 미만에 해당돼 세금이 비과세되지만 이혼기재가 된 후에 등기를 했다면 타 인간의 증여돼 9,000만 원의 증여세를 부담하게 됩니다.

정리해서 말씀드리면 위자료로 등기하면 양도소득세를 과세하고, 재산분할청구로 하면 비과세, 이혼으로 호적정리 전에 등기하면 6억 원까지 비과세, 호적정리 후에 등기하면 타 인간의 증여돼 증여세를 부과하게 된다는 것입니다.

양도소득세 세무조사로 추징받을 때 언제까지 추징되나요?

　세법상, 일정 기간 내에 세금을 부과할 수 있는 기간이 있습니다. 그 기간이 지나면 세금을 부과할 수 없는데, 이를 부과제척기간이라 합니다.

　양도소득세 등의 부과권은 조세채권을 구체적으로 확정하기 위해 세액을 결정하는 권리인 반면에 양도소득세 등의 징수권은 세액이 구체적으로 확정된 후에 확정된 조세채권을 실현하기 위해 납세자에게 납세고지로 그 이행을 청구할 수 있는 권리입니다. 따라서 양도소득세의 부과권과 징수권은 구별됩니다.

1 양도소득세 등의 부과제척기간이란?

　양도소득세의 부과제척기간은 권리관계를 조속히 확정시키려는 것이므로 진행기간의 중단이나 정지가 없으며, 다음의 일정 기간이 경과하면 정부의 부과권은 소멸돼 과세표준이나 세액을 변경하는 어떤 결정(경정·판결·결정 또는 상호합의를 이행하기 위한 경정결정 기타 필요한 처분은 제외한다)도 할 수 없습니다(국세기본법 26의2).

① 납세자가 사기나 그 밖의 부정한 행위로 양도소득세를 포탈하거나 환급·공제받은 경우에는 그 국세를 부과할 수 있는 날부터 10년간(상속세 및 증여세 : 15년간)

② 납세자가 법정신고기한까지 과세표준신고서를 제출하지 아니한 경우에는 해당 양도소득세를 부과할 수 있는 날부터 7년간(상속세 및 증여세 : 15년간)

③ 위 ① 및 ②에 해당하지 않는 경우에는 해당 양도소득세를 부과할 수 있는 날부터 5년간(상속세 및 증여세 : 10년간)

④ 부담부증여에 따라 채무를 수증자가 인수해 그 채무분이 유상양도로 보는 경우는 증여세에 대해 정한 기간

Q 양도소득세의 부과제척기간은 언제부터 기산하나요?

A 양도소득세를 예정 신고하는 경우 부과제척기간의 기산일은 양도소득세의 과세표준과 세액에 대한 확정신고기한의 다음 날(양도한 연도의 다음연도 6월 1일을 말한다)을 기산일로 합니다.

Q 토지거래허가구역이 해제일 전에 잔금을 수령한 경우 부과제척기간은 언제부터 기산하나요?

A 토지거래허가구역이 해제일 전에 잔금을 수령한 경우라도 해제일의 다음연도 5월 31일의 그 다음 날(6월 1일)이 양도소득세 부과의 제척기간기산일입니다.

> **사례 2** 사기 또는 부정한 방법 등

사기 또는 부정한 방법이란, 조세의 부과와 징수를 불가능하게 하거나 또는 현저히 곤란하게 부정한 다음의 행위를 말한다.

① 상속재산가액 또는 증여재산가액에서 가공(架空)의 채무를 빼고 신고한 경우

② 권리의 이전이나 그 행사에 등기, 등록, 명의개서 등(이하 '등기 등'이라 한다)이 필요한 재산을 상속인 또는 수증자의 명의로 등기 등을 하지 않은 경우로서 그 재산을 상속재산 또는 증여재산의 신고에서 누락한 경우

③ 양도가액을 허위로 이중계약서를 작성해 양도소득세를 신고 납부하는 경우

④ 양도소득세를 탈세할 목적으로 타인 명의로 취득 또는 양도하는 경우

③ 필요 경비를 허위증빙을 첨부해 양도소득세를 부당하게 축소해 신고한 것(조세심판원2015중5775, 2016.4.12.)

양도소득세를 내지 못했을 때 세금에 대한 소멸시효는 몇 년인가요?

양도소득세 등의 징수를 목적으로 하는 국가의 권리는 시효의 중단 및 정지사유 없이 이를 행사할 수 있는 때부터 다음의 구분에 따른 기간에 행사하지 않으며 소멸시효가 완성합니다(국세기본법 제27조). 이 경우 양도소득세의 소멸시효가 완성한 때에는 그 양도소득세 등의 가산금, 체납처분비 및 이자상당세액에도 그 효력이 미치므로 소멸시효가 완성됩니다.

- ☑ 5억 원 이상의 양도소득세 등 : 10년
- ☑ 5억 원 이상 외의 양도소득세 등 : 5년

Q 압류가 있는 양도소득세에 대한 징수권의 소멸시효는 어떤 영향을 미치나요?

A 양도소득세에 대한 징수권의 소멸시효는 압류에 의하고 압류를 해제한 때로부터 새로이 진행되므로 압류가 해제되기 전까지는 압류와 관계되는 양도소득세에 대한 징수권의 소멸시효는 완성되지 않습니다(서면징세-310, 2015.6.24.).

양도소득세의 억울한 처분을 구제받기 위한 과세전적부심사제도는 무엇인가요?

※ 출처 : 국세청 자료

일상생활을 하다보면 양도소득세 등에 대해 부당한 처분을 받았거나 필요한 처분 받지 못해 억울한 세금이 과세되는 경우 그 침해된 권리를 구제 받기 위해 과세전적부심사제도를 통해 구제받을 수 있습니다.

> **Tip 과세전적부심사제도**
>
> 양도소득세의 결정·경정의 결과에 따른 과세처분을 하기 전에 양도소득세의 내용을 미리 납세자에게 통지해 세금을 고지하기 전에 그 과세내용에 이의가 있을 때 납세자가 그 과세내용의 적법한 심사를 청구해 납세자권리구제의 실효성을 제고하기 위해 마련된 제도이다.

양도소득세의 결정·경정에 대한 세무조사 결과에 대한 서면통지서 및 과세 예고 통지서를 받은 자는 그 통지서를 받은 날로부터 30일 이내에 그 통지서를 보낸 세무서장 또는 지방국세청장에게 통지내용에 대한 적법성 여부에 대해 심사를 청구할 수 있으며, 그 통지서를 받은 세무서장 등은 이를 심사해 30일 이내에 결정한 후 납세자에게 통지해야 합니다.

Q 과세전적부심사청구서를 기한 내에 제출했으나 심사결정이 없는 경우에는 양도소득세에 어떤 영향을 미치나요?

A 과세전적부심사청구서를 기한 내에 제출했으나 심사결정 없이 양도소득세를 부과한 것은 부당합니다. 또한 양도소득세의 과세자료에 대해 과세예고 통지를 한 후 과세전적부심사청구를 했음에도 심사결정 없이 양도소득세를 부과 고지한 것은 부당합니다(국심사 양도2008-56, 2008.7.22.).

세금고지 후에는 다음과 같은 제도를 이용할 수 있습니다.

- ☑ 관할세무서 또는 지방국세청에 제기하는 이의신청
- ☑ 국세청에 제기하는 심사청구
- ☑ 국무총리실 조세심판원에 제기하는 심판청구
- ☑ 감사원에 제기하는 감사원 심사청구
- ☑ 행정소송법에 의해 법원에 제기하는 행정소송

미등기 부동산을 양도하면 어떤 불이익이 있나요?

부동산을 취득하는 과정에서 부담되는 조세의 회피수단으로 미등기 양도라는 악습이 행해지고 있습니다. 정부에서는 이를 규제하기 위해 조세정책상 등의 취지로 양도한 소득세에 대한 비과세감면이 되는 부동산일지라도 미등기로 양도한 부동산은 양도소득세의 비과세 및 감면에 관한 규정을 적용하지 않습니다.

1 미등기 부동산을 양도할 경우 세제상 불이익의 내용

세법에서는 부동산을 취득한 자가 그 부동산의 취득에 관한 등기를 하지 않고 양도하는 경우에는 다음과 같은 불이익을 적용받습니다.

- ☑ 부동산을 미등기로 양도하면 1세대 1주택에 대한 양도소득세 비과세, 각종 감면혜택을 받지 못한다.
- ☑ 장기보유특별공제 적용을 배제한다.
- ☑ 양도소득세를 계산할 때 양도소득기본공제(년1회 2,500,000원)를 적용 받지 못한다.
- ☑ 높은 양도소득세 세율(70%)을 적용한다.

2 다음의 경우에는 미등기 부동산으로 보지 않습니다.

- ☑ 장기할부조건으로 취득한 부동산으로서 그 계약조건에 의해 양도 당시 그 부동산의 취득에 관한 등기가 불가능한 부동산
- ☑ 법률의 규정 또는 법원의 결정에 의해 양도 당시 그 부동산의 취득에 관한 등기가 불가능한 부동산
- ☑ 양도소득세가 감면되는 8년 이상의 자경농지 및 대토하는 농지와 비과세 대상인 교환 분합하는 농지
- ☑ 비과세 대상인 1세대 1주택으로서 건축법에 의한 건축허가를 받지 않아 등기가 불가능한 부동산(소득세법 기본통칙 91-0…1)
- ☑ 상속에 의한 소유권이전등기를 하지 않은 자산으로서 공익사업을위한토지등의취득및보상에관한법률에 따라 사업시행자에게 양도하는 것
- ☑ 도시개발법에 따른 도시개발사업이 종료되지 않아 토지 취득등기를 하지 않고 양도하는 토지
- ☑ 건설업자가 도시개발법에 따라 공사용역 대가로 취득한 체비지를 토지구획 환지처분공고 전에 양도하는 토지
- ☑ 명의신탁에 의한 소유권이전등기 후 소유권환원등기 없이 양도한 자(국세심판원2005전3614, 2005.12.12)
- ☑ 이혼 시 재산분할청구소송에 따른 확정판결로 재산분할을 하지 않고 양도할 경우(부동산 납세-141, 2013.11.8.)

미등기 부동산 양도에 대한 사례를 알고 싶어요!

Q 토지거래허가구역 내에 있는 토지를 허가 받지 않고 양도한 경우에는 미등기 양도로 보나요?

A 토지거래허가구역 내에 있는 토지를 이전하는 경우, 토지거래허가를 받지 않고 양도하는 토지는 미등기 부동산 양도에 해당합니다 (대법원2004두5058, 2005.6.24).

Q 법원의 결정 등으로 양도한 부동산이 미등기에 해당하나요?

A 법률의 규정 또는 법원의 결정에 따라 양도 당시 그 부동산의 취득에 관한 등기가 불가능한 부동산의 경우에는 미등기 양도 부동산으로 보지 않습니다(서면 부동산-1282, 2015.7.31.).

Q 명의신탁 부동산을 소유권환원등기 없이 양도하는 경우 미등기 양도로 보나요?

A 명의신탁 부동산을 양도하는 경우 양도소득세 납세의무자는 사실

상 그 소득을 얻은 명의신탁자(당해 자산을 위탁한 자)입니다(서면4팀-663, 2005.4.29.). 따라서 미등기와는 무관 합니다.

Q 미등기전매의 경우 미등기 양도자산에 해당하나요?

A 매도인과 분양권매매계약서를 작성함과 동시에 금전소비대차계약 공정증서를 작성했으나 공정증서는 당시 분양권 전매가 금지된 상황에서 매도인의 의무이행을 담보하기 위해 작성된 것으로 보이고 매도인 등을 상대로 제기한 민사소송에서 스스로 분양권 전매를 인정했으므로 이는 미등기 양도에 해당합니다(대전지법2012구단1223, 2013.5.31.).

Q 농지취득자격증명을 받을 수 없다는 사유는 미등기로 보나요?

A 토지에 관해 농지취득자격증명을 받을 수 없다는 사유는 법률상 일반적으로 토지 취득에 관한 등기가 제한 또는 금지됨으로써 등기절차의 이행이 불가능한 경우에 해당한다고 할 수 없고, 취득 당시 소유권이전등기가 곤란하다는 점을 예상했던 것으로 미등기 양도으로 봅니다(서울고법2012누4649, 2012.9.13.).

Q 분양대금의 2.3%에 상당하는 잔금을 납부하지 못한 채 미등기 상태로 양도하면 미등기 양도자산에 해당하나요?

A 분양대금의 2.3%에 상당하는 잔금을 납부하지 못할 부득이한 사정이 없음에도 이를 납부하지 않은 채 미등기 상태에서 양도한 경우에는 해당 부동산은 미등기 양도자산으로 봅니다(조세심판원2012서479, 2012.4.10.).

실제 자경을 하지 않았는데 쌀직불금수령확인서, 농지원부, 고정직불금신청현황표, 경작사실확인서류가 있습니다. 양도세 자경감면을 받을 수 있나요?

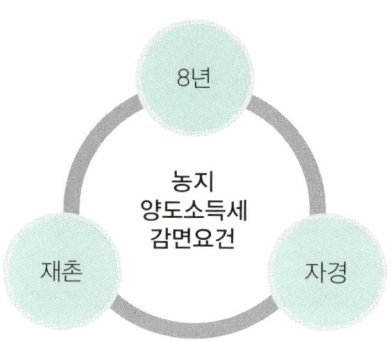

8년 재촌 자경감면은 인근에 8년 이상 거주하면서 직접 자경을 해야 합니다. 세법은 실질판단을 합니다. 그에 대한 증빙서류는 실질판단을 확인해주는 서류입니다. 증빙서류가 있다는 자체만으로 인정되는 것이 아니고 실제로 자경을 하지 않았다고 판단되면 감면되지 않을 수 있습니다. 다음 홍길동 씨의 실제 사례를 보도록 하겠습니다.

> **사례**
>
> 홍길동 씨는 8년 이상 농지를 인근에서 집을 짓고 거주하면서 직접 경작했고, 이는 전화가입원부등록사항증명서, 주민등록초본, 건축물대장, 농지원부, 고정직불금신청현황표, 경작사실확인서 등에 의해 확인되므로 농지에 대한 양도소득세는 감면 신청을 했다. 그러나 과세관청에서 직접경작을 하지 않았다고 판단해 과세처분을 했다. 과세관청을 주장을 보면 다음과 같다.
>
> 과세관청은 홍길동 씨 농지를 취득한 2007년경 농지소재지에 전입했으나 3회에 걸쳐 주민등록이 직권말소 되는 등 실제로 청구인이 농지 소재지에 거주했는지 의심스럽고, 농지 소재지에 전입했던 2009년경부터 2012년경까지 주택신축판매업을 영위한 사실까지 있어 8년 이상 거주하면서 농지를 직접 경작했다고 보기 어려우므로 자경농지에 대한 양도소득세 감면규정을 적용하지 않는 동 과세처분은 정당하다고 판단했다.
>
> 이에 억울한 홍길동 씨는 아들과 함께 직접 경작한 농지임이 논농업직불제 확인원, 농지경작사실 확인 회신공문, 농협의 조합원증명서, 인근농민의 경작사실 확인서 등에 의해 확인돼 자경농지로 보아 감면돼야 한다고 주장했다. 그러나 과세관청은 농지 소재지의 마을이장은 2000년부터 이장직을 수행하면서 마을에 관해 상세히 알고 있으나, 홍길동 씨를 전혀 알지 못하며 농지를 홍길동씨가 경작했다는 사실을 부인하고 있고, 이전 경작자는 2001년까지 경작하였는데 홍길동 씨가 농지를 취득한 후에는 계속 휴경지로 있다가 그 후 토지수용 시점에 수목을 심은 것으로 알고 있다고 진술하고 있으며, 농지를 관할하는 농협의 벼 수매 내역을 확인한 결과 청구인의 수매사실이 없는 점 등으로 보아 농지를 자경하지 않았음이 명백하므로 이 건 양도소득세 과세처분은 정당하다고 판단해 추징됐다.

직장에 다니는 경우 8년 자경 농지 감면이 가능한가요?

8년 재촌자경은 농지 인근에 거주하면서 실제로 자경을 해야 합니다. 이에 대해서는 사실 판단 사항으로써 현지점검 및 납세자의 상황에 따라 판단합니다. 다음의 사례는 직장을 다니는 홍길동 씨의 8년 재촌 자경감면이 부인된 사례입니다.

사례

홍길동 씨는 농지를 2002.5.6에 취득해 매실나무, 벚꽃나무 등을 식재해 자경해오다가 2013.4.24에 양도했. 이에 대한 입증서류로 자경사실확인서, 매실구매증명서, 각종 간이영수증 등에 의해 확인되었음에도 불구하고, 과세전적부심사 위원회에서는 8년 자경 감면은 전업농민에게만 해주는 것이지 청구인처럼 직업을 갖고 있는 자에게는 감면 대상이 아니라고 '불채택' 결정을 내렸다.

조세특례제한법상 8년 자경은 농지 소재지에 거주하는 거주자가 8년 이상 '대통령령으로 정하는 방법으로 직접 경작'한 경우에 적용되는 것이다. 여기에서 '직접 경작'이란 거주자가 그 소유 농지에서 농작물의 경작 또는 다년성식물의 재배에 상시

종사하거나 농작업의 2분의 1 이상을 자기의 노동력에 의해 경작 또는 재배하는 것을 말한다. 홍길동 씨는 2002년부터 2007년까지 ○○(주)와 (주)○○○○에서 고액의 급여를 받은 것으로 확인되며, 쟁점농지의 면적이 330㎡에 불과하지만 이는 쟁점농지와 같은 동 147번지 5,812㎡가 분할된 토지로서, 법인에서 근로를 제공하고 급여를 받으면서 비록 관상수라고 하지만 감면 농지 이외에도 1,600평이 넘는 농지를 농작업의 2분의 1 이상을 자기 노동력에 의해 경작 또는 재배한 것으로 볼 수 없으므로 과세관청은 감면을 배제하는 것이 정당하다고 판단했다.

다른 소득이 있는 경우의 농지에 대한 8년 자경감면 여부

Q 소유하고 있던 밭을 매도했습니다. 농지양도는 8년 이상 농지인근에 거주하면서 직접 농사를 지으면 양도소득세가 감면된다고 알고 있습니다. 그래서 감면신청을 했는데 추징됐습니다. 저는 현재 직장을 다니며 근로소득금액은 4,000만 원 정도 됩니다. 왜 추징이 되나요?

A 농지의 경우 농지 소재지에 거주(재촌요건)하면서 8년 이상 직접 경작(자경요건)한 후에 양도하게 되면 양도소득세를 100% 감면해 줍니다. 재촌 요건에서 '농지소재지'란 농지가 소재하는 시·군·구(자치구)안의 지역이나 이와 연접돼 있는 시·군·구 또는 농지로부터 직선거리 30km 이내의 지역을 말하며, 경작개시 당시에는 농지소재지에 해했으나 행정구역 개편 등으로 이에 해당하지 않게 된 경우에는 농지소재지에서 경작한 것으로 봅니다.

자경농지에 대한 감면세액과 대토(새로운 농지 취득)에 대한 감면세액을 합해 1년간 1억 원 및 5년간 3억 원을 한도로 해 감면이 가능하며 이를 초과하는 금액은 감면되지 않습니다.

한편, 자경농민에 대한 지원 취지에 맞도록 다른 직업이 있는 경우에는 실제 경작하더라도 자경 기간에서 제외하도록 규정하고 있습니다. 즉 사업소득금액(농업·임업소득, 부동산 임대소득, 농가부업소득 제외)과 총급여액의 합계액이 3,700만 원 이상인 연도는 제외하고 '8년 이상' 요건을 충족했는지 판단해야 합니다.

소득 요건이 추가된 것은 직접자경을 해야 하는 것에 대한 미충족으로 보입니다. 직장을 다니면서 자경하기 힘들다고 보는 것입니다. 물론 주말이라든지 쉬는 시간에 자경했다고 할 수 있을 것입니다. 실제로도 그럴 수 있습니다. 하지만 법의 취지상 농지에 대한 감면은 농사를 주로 경작하는 농민에 대한 특별한 감면입니다. 그래서 사업소득과 근로소득이 있는 해는 경작기간에서 제외시킵니다. 근로소득이 있는 시기만 제외하므로 그외 시기는 자경기간으로 볼 수 있습니다.

농지에 대한 8년 재촌 자경감면구비서류

Q 8년간 농지를 직접 재촌하며 자경했습니다. 이 토지를 양도하고 농지에 대한 8년을 자경감면 신청했습니다. 하지만 세무서로부터 직접 자경했다는 서류가 불충분하다고 소명하라는 연락을 받았습니다. 어떤 서류로 소명해야 할까요?

A 자경의 입증방법은 농지원부, 농협 등 조합원인 경우 조합원증명원, 농약 및 비료구입영수증, 농지소재지 농지위원장의 자경농지사실확인서, 인우보증서, 농업일지 등에 의해 증명할 수 있으며, 농지 양도 전에 이와 관련된 증빙서류들을 잘 준비할 필요가 있습니다. 농지원부는 관할 관청에서 발급이 가능합니다. 경작을 하면 대개 농협 등에 조합원으로 가입하고 비료, 농약 등을 구입합니다. 이러한 근거들이 농협에 있을 것입니다.

수년간의 거래내역을 요청해 제출하면 됩니다. 인우보증서는 별도의 양식이 있는 것은 아닙니다. 본인이 농사를 지었다는 사실을 알 수 있는 지인으로부터 받으면 됩니다. 이러한 인우보증서는 지인으로부터 받는 보충적이 서류이므로 증거력이 많지는 않습니다. 세법은 형식이 아닌 실질과세 원칙에 따라 부과됩니다. 그러므로 이러한 서류들은 실제 농사를 지었다는 입증을 해주는 간접적인 증거입니다. 즉, 서류가 있다고 해서 무조건 농사를 지었다고 인정해주는 것이 아닙니다. 서류가 있어도 실제 농사를 지었다고 판단되지 않으면 감면되지 않습니다.

반대로 서류가 미비하더라도 정황상 실제 농사를 지은 것이 확실하다면 인정해줍니다. 위의 증빙서류 중에서 증거력이 가장 높은 것은 아마도 지난 8년간의 조합과의 거래내역일 것입니다. 농지 규모에 맞는 8년간의 비료, 농약, 매수 등의 근거가 있다면 증거력이 높습니다. 그리고 8년간의 농지일지도 증거력이 높다고 할 수 있습니다.

자경감면을 받으려면 실제 농지여야 하고, 양도 당시에도 농지여야 하는데 과세관청에서는 어떻게 확인하나요?

과세관청에서는 실제 현지 점검, 신고된 서류, 주변상황, 항공사진 등으로 실제 농지 여부를 판단합니다. 다음 사례는 항공사진 검토 결과 실제 농지가 아니어서 감면이 부인된 사례입니다.

> **사례**
>
> 홍길동 씨는 감면되는 8년 이상 직접 경작한 '토지(농지)'는 지목에 관계없이 실제로 경작에 사용한 토지를 말하는 것으로, 농지의 지상 일부(85㎡)에 무허가 주택(토담집)이 위치해 쟁점토지는 공부상 '대지'로 등재되어 있으나, 주택부지(85㎡)를 제외한 나머지 부분을 텃밭으로 경작하다가 1999년 주택이 멸실된 이후에는 쟁점토지 전부를 텃밭으로 경작하였는 바, 쟁점토지 수증일인 1991. 12. 19. 부터 계산해도 20년 가까이 쟁점토지를 자경한 사실이 인근주민과 이장 등의 인우보증서, 농지원부 등에서 확인됨에도 쟁점토지가 양도 당시 청구인의 자경농지가 아니라고 보는 것은 부당하다고 주장했습니다.
>
> 이에 과세관청은 홍길동 씨는 농지를 증여받은 것이므로 항공사진상 쟁점토지는 주택 사이에 위치해 주차장 등 잡종지로 사용되는 것으로 확인되었습니다. 일시적으로 휴경했다고 인정한 2011. 8. 15. 이후에도 쟁점토지가 나대지로 방치돼 있는 점 등에 비춰 쟁점토지를 사업용 토지로 인정하거나 8년 이상 자경한 농지로 보기 어려우므로 감면배제는 정당하다고 판단했습니다.

부동산 허위양도계약서를 작성해 양도소득세를 신고하는 경우 세무조사해 추징이 되나요?

양도소득세는 실거래가로 신고해야 합니다. 양도 시 실제거래가액으로 신고해야 하며 취득가액도 실제 거래가액으로 신고해야 합니다. 만일 허위로 신고하는 경우, 탈루세액에 대해 추징됩니다. 더군다나 1세대 1주택 비과세규정도 적용이 배제되어 세금이 나오게 됩니다.

다음은 실제 세무조사 해 탈루세액을 추징한 사례를 보겠습니다.

> **사례**
>
> 홍길동 씨는 부동산을 전 주인으로부터 취득해 11개월간 보유하다가 양도하고 실거래가액으로 신고했습니다. 신고 시 제출한 부동산 매매계약서는 거래중개인 없는 쌍방합의계약서로서 거래상대방의 사실확인서 및 인감증명서를 첨부했습니다. 세무서에서는 부동산 뱅크, 부동산 114, 네이버 부동산 등 인터넷사이트의 당시 부동산 시세를 확인했더니 신고한 양도가액이 시세의 80%로 낮게 매매됐고, 부동산중개인 없는 쌍방합의 계약서로 보아 실제 계약서는 따로 있을 것으로 판단해 조사에 들어갔습니다.
>
> 과세당국은 양도 당시의 부동산 정보지 및 인터넷사이트 인근 부동산 중개업소의 시세확인조사결과 시세의 80%로 낮게 거래됐음을 확신했습니다.
>
> 이에 거래 상대방인 매수자에 대한 확인 조사를 통해 부동산 양도가액이 과소신고된 것을 확인하고 부동산 양도 실지계약서를 징취해 양도세를 추징했습니다.

위 사례처럼 주위의 시세와 현저하게 낮게 또는 높게 거래하는 경우 실거래가 검증받을 수 있습니다. 시세는 주변의 매매사례가액이 근거가 되며, 거래상대방의 확인을 통해 그것을 근거로 추정합니다.

부동산 취득 시 다운 계약서를 작성했는데 어떻게 하죠?

Q 10년 전에 아파트를 5억 원에 취득했습니다. 과거에 관행상 괜찮다고 해 3억 원에 취득했다고 다운계약서를 작성했습니다. 주변에서 괜찮다고 해 아무생각 없이 작성했습니다. 이 부동산을 5억 원에 취득해 5억 원에 양도해서 양도차익이 없습니다. 그런데 세무서에서 양도세를 5,000만 원 추징하겠다는 통보를 받았습니다. 실제로 차익이 없는데 억울합니다. 방법이 없을까요?

A 양도소득세는 양도차익에 대해 과세됩니다. 양도차익이 없으면 과세되는 세금도 없습니다. 요즘에는 그런 경우가 거의 없지만 예전에는 가끔 다운계약서가 작성되기도 했습니다. 다운계약서는 관련 법 위반으로 여러 제재를 받습니다.

세법상으로는 다운계약서를 작성한 당사자는 1세대 1주택 비과세 혜택 배제와 조세범처벌법으로 처벌 받을 수 있습니다. 의뢰인은 무심코 써준 다운계약서로 인해 피해를 보는 경우로 실제 취득가액이 5억 원이라는 것을 납세자 본인이 근거서류와 함께 입증해야합니다. 그렇다면 실질과세의 원칙에 따라 취득가액 5억 원을 인정받을 수 있습니다. 물론 관련 법률에 따른 제재는 감수하는 수 밖에 없습니다. 실제 입증을 하는 방법은 과거의 계좌이체 내역, 실제 계약서, 과거의 매도자의 확인 등을 통한 방법입니다. 하지만 현실적으로 이런 경우 입증이 쉽지가 않은 경우가 대부분입니다.

우선 오래된 과거의 일이라 은행에 계좌이체 내역이 그리고 과거의 당사자의 확인이 필요한데 협조를 얻기가 쉽지 않습니다. 왜냐하면 과거의 매도자는 2억 원만큼 다운계약서를 작성함으로써 양도소득세를 탈세를 한 것을 자인하는 것이나 마찬가지기 때문입니다.

세무서에서 실제 5억 원을 취득가액으로 인정하는 경우 현재 매도자에게는 추징을 하지 않지만 과거의 매도자에게 추징하게 됩니다. 대부분 협조를 얻지 못해 여러 가지 입증서류로서 서로 공방해야 하는 힘든 상황이 발생합니다. 부동산 매매계약서는 실제 가액으로 하는 것이 중요하며 그 외 편법적인 방법은 피하는 것이 가장 좋은 절세방법입니다.

오피스텔 구입 시 환급받은 부가가치세의 추징사례

Q 오피스텔을 매입할 때 부가가치세를 1,000만 원을 환급받았습니다. 그런데 7년 후 추징됐습니다. 왜 그런가요?

A 부가가치세는 일반 과세사업자에 한해서 매출세액에서 매입세액을 차감한 금액을 환급해줍니다. 오피스텔의 경우 두 가지 용도가 있습니다.

하나는 주거용이고 또 하나는 사업용입니다. 주거용이란 일반 주택으로 임대차를 하기 위한 목적입니다. 이러한 주거용 오피스텔은 일반 주택과 다를 것이 없으므로 면세사업자에 해당해 부가가치세 환급이 안 됩니다.

사업용 오피스텔이란 그 장소에서 본인이 과세사업을 하거나 사업자에게 임대 놓는 경우를 말합니다. 이런 경우에 사실상 사무실 용도와 같습니다. 그래서 사업용 오피스텔은 부가가치세 과세사업자로서 사업자등록을 해야 합니다. 일반 과세자와 간이 과세자로 사업자등록을 할 수 있습니다. 부가가치세는 일반 과세자로 사업자등록한 경우에만 매입세액 환급이 됩니다. 특히 이러한 건물의 경우 10년간 사업자에게 임대하는 조건으로 매입세액을 환급해 줍니다. 만일 10년 이내에 폐업하거나, 사업자에게 임대하지 않고 주거용으로 임대하는 경우 부가가치세를 납부하거나 추징합니다.

폐업하는 경우에는 10년 중 남아있는 기간만큼 추가로 부가세를 납부해야 합니다. 그리고 당초 약속과는 다르게 사업자등록증만 내고 실제로는 당초부터 주거용으로 임대했다면, 당초에 환급받았던 금액을 전액 추징하고 가산세까지 부담하게 됩니다.

그래서 처음부터 분양받을 때 주거용으로 임대할 목적이라면 부가가치세 환급신청을 하지 않는 것이 좋습니다.

상속을 포기할 수도 있나요?

Q 아버지가 사업을 하시다가 부도가 났어요. 엎친 데 덮친 격으로 부도 후 그 충격으로 쓰러지셔서 중환자실에 입원해 계시는데 세금문제는 어떻게 되는지 불안해요. 어떻게 해야 하나요?

A 우리 주변에서 준비되지 않은 상속이 발생할 가능성이 현실적으로 높은 것이 사실입니다.

준비되지 않은 상속은 사랑하는 가족들에게는 재앙입니다. 집안의 가장이 갑자기 사망했다고 가정해봅시다.

돈을 받으러 수많은 채권자들이 몰려옵니다. 반면에 받아야 할 돈은 당사자가 사망했기 때문에 떼일 확률이 매우 높아집니다.

아버님이 생전에 사업하시다가 부도 후 돌아가셨다면 은행채무 등은 어떻게 될까요?

배우자와 자식등 상속인들이 대신 갚아야 할까요?

아버지의 부도로 인한 은행채무 때문에 우리 자식들도 압류를 당하는 것 아닌가요? 걱정이 되서 잠도 오지 않습니다. 무슨 방법이 있을까요? 네, 방법이 있습니다.

아버지의 재산보다 부채가 더 많은 경우에는 법원에서 사망일로부터 상속포기신청을 하시면 됩니다.

Q 그런데 아버지의 상속재산을 처분하면 은행 빚을 갚고 남을 것 같은 생각이 들 땐 어떻게 해야 하나요?

A 그럴 땐 상속개시일로부터 3월 이내에 법원에 한정승인신청을 하면 됩니다. 그러면 내가 아버지로부터 상속 받은 재산을 한도로 은행채무를 갚아야 할 의무가 발생하는 것입니다. 은행채무를 갚고 잔액이 있을 경우에는 상속을 받게 됩니다.

Q 그런데 아버지의 재산이 얼마인지 어떻게 알 수 있을까요? 아버지께서 평소에 사업내용에 대해서는 말씀이 없었기 때문데 저희 가족들은 아버지 재산이 도대체 얼마나 되는지 알 수가 없어요.

A 네, 방법이 있습니다. 금융재산의 경우에는 금융감독원 등에, 부동산의 경우에는 시·군·구청, 국토교통부 등에 조회하면 돌아가신 분의 재산에 대해 조회가 가능합니다. 이때 주의해야 할 점이 있습니다. 금융감독원 등에 금융재산 조회를 한 이후에는 피상속인의 금융자산인출이 일시 정지되므로 현금이 필요한 경우에는 먼저 인출한 후에 조회하셔야 합니다.

상속세 세무조사가 가장 무서워요!

Q 세무조사 중에서 무슨 세금에 관한 세무조사가 가장 어려울까요?
A 네, 답은 상속세 세무조사입니다.

Q 왜 그럴까요?
A 돌아가신 분의 재산에 대해 사망 전 10년간의 재산 상태를 조사하기 때문입니다.

Q 돌아가신 분의 사망 당시 재산에 대해서 조사하면 될텐데, 왜? 사망 전의 재산변동사항에 대해 10년치를 조사할까요?
A 사망 전에 재산을 빼돌릴 것을 방지하기 위해 10년치를 조사하는 것입니다.

Q 여러분! 피상속인과 상속인이 각각 누구를 의미하는지 정확히 알고 계신가요?

A 저는 세무공무원 시절에 피상속인과 상속인의 개념이 무척 혼동스러웠습니다. 돌아가신 분을 피상속인이라고 하는지 상속인이라고 하는지 도무지 이해하기가 쉽지 않았습니다.

어떤가요? 돌아가신 분을 피상속인이라고 하나요? 아니면 상속인이라고 하나요?(조금 유치하지만) '피가 나신 피상속인은 돌아가신 분이다'라고 이렇게 연상해서 암기를 하니 평생 헷갈리지 않더라구요.

상속세 조사는 사망 전 과거 10년치를 조사하기 때문에 최소 10년 전 부터 상속세에 대해 장기계획을 설정하는 것이 매우 중요합니다. 누구나 본인이 죽는다는 것을 상상하기조차 싫어합니다. 하지만 때로 예기치 않은 상속이 발생돼 세금폭탄으로 고통받는 분이 우리 주변에 너무나 많습니다. 몇 년 전에 저희 아파트 단지에서 저희 집사람과 같이 부녀회원을 했던 분의 사례입니다.

> **사례**
>
> 저희 부부와 같이 부부동반으로 저녁식사를 같이 하고 노래방까지 같이 갔었는데 며칠 후 몸이 좋지 않아 병원에 입원했다는 소식을 듣고 깜짝 놀랐습니다. 더욱 놀란 것은 입원한지 이틀 만에 그분이 돌아가셨다는 겁니다. 갑자기 복수가 차서 병원에 입원했는데 간암 말기였습니다.
> 갑작스런 사망으로 상속세 문제가 대두되었습니다.
> 평소 멋쟁이였던 부인은 헝클어진 머리에 양말도 신지 않은 채 공황 상태가 되어 저에게 상속세 문제를 의논해왔습니다. 사업하시던 분이 갑자기 사망하니까 외상

Ⅳ. 세무조사 양도, 상속, 증여

> 매출금을 포함해서 내가 받아야 할 돈을 받는 것은 사실상 매우 힘들어졌습니다. 반면에 은행을 포함해서 채권자들은 구름떼처럼 몰려들었습니다. 그런데 나중에야 가장 큰 채권자는 세무서라는 것을 알게 됐습니다. 거액의 상속세를 내야했지만 현금이 없었고 전 재산을 세무서에 의해 압류당하게 됐습니다.

이와 같이 준비되지 않은 상속은 사랑하는 가족들에게 견디기 어려운 고통을 가져다줍니다. 그러므로 상속세 준비는 미리미리 전문가와 상의해 대비하는 것이 절대적으로 필요합니다.

Q21

상속개시일 전 처분자산이 상속재산에 포함되나요?

　상속개시일 전 10년 이내에 처분재산에 대해서 처분대가가 어디에 사용되었는지 명확히 자금흐름 파악이 안 되는 경우 상속재산으로 추정하고 있습니다.

　다음은 상속개시일 전 2년 이내 인출된 자금에 대해 상속으로 추정하고 과세한 경우입니다.

　피상속인은 ○○모텔을 운영했으며 금융기관을 통해 다수의 거래계좌를 이용해 현금자산을 소지하며 운영하고 있었습니다. 세무서에서 금융거래자료를 이용해 상속개시일 이전에 인출된 고액 출금액의 사용처에 대해서 사용처를 소명하라는 통지를 했습니다. 금융거래 자료의 출금액을 확인한 결과 현금인출액에 대해서 피상속인이 어디에 사용했는지 사용처가 불분명했습니다. 상속인 역시 피상속인의 사용처에 대해 소명하지 못했습니다. 그래서 그 금액에 대해 사전 현금 상속재산으로 추정해 상속세를 과세했습니다.

상속세는 과거 10년 이내의 현금인출액, 처분재산에 대한 처분대가의 사용처 등을 면밀히 파악하고 있습니다. 만일 소명을 하지 못한 다면 상속재산으로 추정돼 과세되는 경우가 있으니 미리 대비해 사용처에 대한 증빙을 수집해야 합니다.

임차인이 신축건물 사용수익 후 무상이전했어요!

Q 임차인이 임대인소유 토지상에 임차인명의로 건물을 신축, 보존등기한 후 10년간 사용수익한 후 임대인 앞으로 건물소유권을 이전해 주었습니다. 세무상 어떤 문제점이 있나요? 세무조사를 받게 되나요?

A 네, 충분히 세무조사를 받을 수 있습니다. 임차인이 임대인 소유 부동산에 건물을 신축해 사용하다가 임대인에게 소유권을 이전하는 행위를 세법용어로 부동산의 기부채납이라고 부르고 있습니다. 기부채납은 선급임대료로 보아 수입금액에 가산해 세금신고를 해야 합니다.

Q 아니, 임대료 받은 사실이 없는데 임대수입금액을 신고한다는 것이 이해가지 않습니다.

A 임대료를 현금으로 받지는 않았지만 10년 후에 건물을 기부채납 받았으므로 그 건물가액을 임대료로 간주한다는 의미입니다.

Q 그러면 10년 후에 소유권이전등기를 했을 때 건물가액 전체를 소유권이전등기를 완료한 년도의 임대소득으로 신고해야 된다는 말씀인가요?

A 아닙니다. 건물가액을 10년으로 나눠 매년 임대소득으로 신고해야 된다는 것입니다.

Q 제가 세법의 무지로 인해 기부채납 건물에 대해 임대소득신고를 안 했는데 세무조사 시 어떤 처분을 받게 되나요?

A 신고를 안 하셨기 때문에 무신고 가산세와 무납무가산세를 적용받게 됩니다. 건물가액을 10년으로 나눈 금액을 각 년도의 임대소득으로 간주해 산출세액을 계산하고 산출세액에 가산세를 합해 세금 고지를 하게 됩니다.

Q 일반인들이 기부채납이라는 것을 어떻게 알겠습니까? 세법의 무지로 인해서 세금신고를 안 한것인데 가산세까지 부과하는 것은 너무한 것 같아요. 가산세를 안 낼수 있는 방법이 있을까요?

A 세법은 강행규정으로 돼있습니다. 그래서 세법에서 정해놓은 규정대로 세금을 신고하지 않으면 세법상의 제재를 받게 됩니다. 세법절차의 강제적 이행을 위해 벌칙규정인 가산세제도를 운영하고 있는것이지요. 그러므로 세법상 불이익을 받지 않으려면 부동산 등기업무 전에 반드시 세법전문가의 자문을 구하셔야 한다는 것을 잊지 마시기 바랍니다. "법무사가 아무 이상 없다고 했는데요, 중개사가 아무 이상 없다고 했는데요" 이런 말씀들을 참 많이 하시

는데 큰일 날 소리입니다. 법무사와 중개사는 등기법상, 계약법상 아무 문제가 없다는 얘기지 세법상 아무 이상 없다는 뜻이 아니라는 것을 명심해야 합니다. 세법 전문가는 세무사라는 것을 거듭 강조드립니다.

Q 임대인은 임대소득의 누락으로 세금을 추징당하는 데 임차인은 아무 불이익이 없는 것인가요?

A 임차인은 건물신축가액을 선급임대료를 지급한 것으로 간주하게 됩니다. 만일 임차인이 건물신축가액을 건물가액에 계상했다면 건물가액을 부인하고 선급임대료과목으로 계정과목 정정을 해야합니다. 선급임대료로 계상했다가 10년간 매년 지급임차료로 안분 계산해 비용으로 계상해야 합니다.

Q23 완전포괄주의과세가 뭐예요?

현재 증여세의 경우 완전포괄주의 과세가 적용되고 있습니다. 과세대상이 되는 소득을 법률로써 모두 나열하기에는 어려운 점이 있으므로 기본 원칙에 포함된다면 해당 소득은 모두 과세대상으로 본다는 것이 완전포괄주의 과세의 기본 개념입니다.

우리나라는 2004년에 상속세 및 증여세 분야의 과세에서 완전포괄주의를 도입했습니다. 특히 증여의 개념에서 '증여란 그 행위 또는 거래의 명칭·형식·목적 등과 관계없이 직접 또는 간접적인 방법으로 타인에게 무상으로 유형·무형의 재산 또는 이익을 이전(현저히 낮은 대가를 받고 이전하는 경우를 포함한다)하거나 타인의 재산가치를 증가시키는 것을 말한다'고 규정하고 있습니다.

또한, '증여재산이란 증여로 인해 수증자에게 귀속되는 모든 재산 또는 이익을 말하며, 다음 각 목의 물건, 권리 및 이익을 포함한다'고 규정합니다.

> **Tip 증여재산**
> - ☑ 금전으로 환산할 수 있는 경제적 가치가 있는 모든 물건
> - ☑ 재산적 가치가 있는 법률상 또는 사실상의 모든 권리
> - ☑ 금전으로 환산할 수 있는 모든 경제적 이익

쉽게 말하면 사실상 재산을 무상으로 이전하는 경우 그 형식과 내용에 상관없이 모두 과세 대상으로 보는 것을 말합니다.

이러한 완전 포괄주의과세는 과세 대상을 일일이 열거하는 열거주의 과세와 반대되는 개념이라고 할 수 있습니다. 소득세의 경우 소득의 대상을 열거하고 있습니다.

완전포괄주의과세는 공평한 과세를 위해 필요하지만 판결에 인용되면서 납세자의 예측 가능성을 침해한다는 얘기가 나오고 있습니다. 어디까지가 과세 대상인지 확정되지 않음에 따라 그 경계를 예측할 수 없어 곤란할 수 있습니다.

포괄주의의 과세 여부는 '경제적인 실질'에 따라 판단되며, 소액의 자산이나 가치가 뚜렷하지 않은 재산, 이전 여부 또는 이전 시기가 불분명한 재산까지 세금이 부과돼 왔습니다. 이는 과세당국의 해석에 따라 과세 여부가 달라질 수 있기 때문에 납세자와 과세당국 간의 갈등이 발생합니다.

이미 정부에서는 포괄주의과세제도를 개선하겠다는 입장을 보였습니다. 예측 가능성을 높여 납세자에게 혼란을 야기하지 않도록 한다는 계획입니다.

사례를 살펴보겠습니다.

> **사례**
>
> A 씨가 자녀들과 함께 회사를 설립하고 그 회사에 예금채권과 대여금채권을 증여했습니다. 이러한 이유로 회사의 주식은 큰 폭으로 상승했고 200억 원이 넘는 차액이 발생했습니다. 그 후 증여했던 예금채권에 대해서 관할 세무서에서는 주식 가치의 상승분에 대해서 증여세를 부과했습니다.
> 그러나 이 경우에는 증여세를 부과할 수 있을만한 해당 관련 법조문이 없었는데요. 이때 완전 포괄주의를 내세웠습니다. 이에 A 씨는 소송을 제기했습니다.
> A 씨는 소송 과정에서 "과세관청에서 자의적인 법조문 확대 해석으로 세금을 부과한 것"이라고 주장했습니다. 결과적으로 대법원은 A 씨의 손을 들었습니다. 대법원의 재판부는 "공평한 과세를 구현하고 변칙적으로 나타날 수 있는 증여나 상속에 대해 먼저 대처하기 위해서 증여세 완전 포괄주의를 도입했다 해도 과세요건 법정주의와 관련해 납세자 측의 예측 가능성에 대해 보장해줘야 한다"고 밝혔습니다.
>
> * 출처 : 법률신문뉴스, 2015. 11. 12. 〈증여세포괄주의 무한정 적용해서는 안돼〉

부담부증여로 받은 부동산에 대해 어떤 경우에 세무조사 대상이 되나요?

자녀에게 재산을 넘겨줄 때 자녀의 증여세 부담을 줄이기 위해 흔히 '부담부증여'를 활용합니다. 부동산에 포함된 전세보증금이나 대출금을 함께 증여하면 증여를 받은 자녀는 그 채무를 뺀 금액에 대해서만 증여세를 납부하면 됩니다. 부동산을 준 부모는 자신이 떠맡긴 채무만큼 양도소득세를 부담하는 방식입니다. 부담부증여를 통해 절세효과를 제대로 보려면 우선 대출금을 상환하거나 대출금을 사용할 때 자금출처조사에 유의해야 합니다.

첫째, 자녀가 대출 원리금을 갚을 능력이 되지 않는다고 부모가 대신 갚아주면 자금출처조사를 거쳐 증여세가 추징될 수 있습니다. 따라서 임차보증금이 있는 상가 등 매월 임대수익을 올릴 수 있는 수익형 부동산을 자녀에게 증여하면 매월 들어오는 임대수익으로 차입금 원리금을 상환해 증여세 추징을 피할 수 있습니다.

둘째, 아파트를 증여할 때는 기준시가가 아닌 실제매매 시가로 증여세를 계산해야 합니다. 현행 세법에서는 부동산을 증여할 때 시가로 증여세를 계산하는 것이 원칙입니다. 기준시가를 적용해 증여세를 신고한 경우에는 과세관청이 해당 자산과 유사한 자산의 매매사례가액을 동원해 시가로 고쳐서 증여세를 다시 과세하기도 합니다. 셋째, 미성년자 자녀에게 부담부증여를 할 경우에는 친권자의 동의를 받아야 합니다. 민법에서는 미성년자인 자녀가 법정대리인의 동의 없이 할 수 있는 유효한 법률행위는 단순히 권리만을 얻거나 의무만을 면하는 행위라고 명시하고 있습니다. 직접 채무를 인수하는 부담부증여 계약을 미성년자 자녀와 체결했다는 것은 사회통념상으로 인정하기 어렵기 때문에 과세관청이 부담부증여임을 인정하지 않을 가능성이 큽니다.

넷째, 증여 받은 부동산은 5년 이내에 되팔지 않는 것이 좋습니다. 현행 세법상 직계존·비속으로부터 증여 받은 부동산을 수증자가 5년 이내에 양도하는 경우 취득가액은 증여자의 당초 취득가액으로 계산하기 때문에 양도차익이 늘어납니다. 증여자가 양도할 때 양도소득세를 부당하게 줄이는 것을 막기 위한 규정입니다. 이 외에도 자녀가 확실히 부채상환을 한다는 것을 객관적으로 입증할 수 있는 증빙서류를 갖춰야 추후에 추가로 증여세 부담을 지지 않습니다.

부담부증여를 하면 증여자와 수증자에게 어떤 세금이 과세되나요?

양도소득세의 과세대상이 되는 양도는 유상계약을 전제로 합니다. 그러나 부담부증여는 증여받는 사람(수증자)이 그 부동산의 채무를 부담하거나 인수를 부담하는 조건으로 하는 증여계약을 말합니다. 이 경우 부담부증여는 증여계약과 부담계약이 두 개의 별도 계약이 아니며, 증여와 부담이 서로 주종관계에서 결합한 계약이기 때문에 증여가 무효이면 부담도 당연히 무효가 되는 특징이 있습니다.

부담부증여 시 증여세와 양도소득세의 과세방법은 다음에 따라 각기 다르게 적용합니다.

- ☑ 수증자가 인수한 채무액은 유상양도에 해당하므로 증여자는 인계한 채무액에 대해 양도소득세 납세의무가 있습니다.
- ☑ 부담부증여 부동산의 증여재산가액 총액에서 수증자가 인수한채무액(위 내용의 금액을 말한다)을 뺀 금액은 무상으로 이전됐으므로 수증자에게 증여세 납세의무가 있습니다.

Q 비과세대상 주택을 부담부증여한 경우 인계한 채무부담분은 양도소득세가 과세되나요?

A 증여재산이 비과세대상 주택을 부담부증여 시 인계하는 채무에 대해서는 양도에 해당하지 않으므로 양도소득세가 과세되지 않습니다(서면4팀-1546, 2004.10.1.).

동생에게 주식을 저가로 양도했는데 증여세가 과세되나요?

세법에서는 부당행위계산부인이라는 제도가 있습니다. 이는 특수관계인과의 거래로 인해 당해소득에 대한 조세의 부담을 부당하게 감소시킨 것으로 인정될 그 거주자의 행위 또는 계산에 관계없이 당해연도의 소득 금액을 계산할 수 있습니다. 여기서 시가란 다음 순서에 의합니다. 실제거래가액, 매매사례가액, 감정평가가액, 기준시가입니다.

다음은 특수관계인과의 거래에서 주식의 저가양수로 증여세가 과세된 사례입니다.

> **사례**
> ㈜○○주식을 동생인 홍길동에게 액면가액으로 양도한 바 기준시가와의 차액을 소득세법상 부당행위계산 부인하고 저가양수로 증여세를 과세한 경우입니다.
> 신고된 거래가액이 시가(정상가액)의 범위를 초과하는지 여부를 검토하기 위해 매매사례가액 등을 조회했으나, 주식의 거래가 없어 해당기업의 주식을 기준시가로

> 평가해 신고가액과 비교했습니다. 매매사례가액이 없는 경우에는 기준시가를 시가로 판단합니다. 기준시가와 신고한 가액의 차액을 형이 동생에게 증여한 것으로 판단해 증여세를 부과했습니다.

이 사례로 보아 특수관계인과의 거래에서는 시가를 평가하는 것이 중요합니다. 그리고 그 시가대로 거래가 이뤄져야 합니다. 만일 시가보다 높게 또는 낮게 매매 하는 경우 그 차액을 증여세로 보아 추징하고 있습니다.

부모님으로부터 받은 고액전세 보증금도 세무조사를 받나요?

최근에 과세당국이 고액전세로 거주하는 사람들에게까지 세무조사의 범위를 넓혔습니다. 금액범위와 지역범위를 넓히겠다고 발표하고 서울·경기뿐만 아니라 최근 집값과 전세값이 폭등한 부산, 대구 등 경상권의 고액 전세입자들에 대한 실태조사에 곧바로 착수했다고 합니다.

Q 자녀 결혼식이 끝난 후 신혼주택 마련을 위해 전세보증금을 부모님이 마련해줬습니다. 세무조사 할까요?

A 네, 세무조사할 수 있습니다. 강남과 판교일대에 고가주택 전세보증금에 대해 국세청에서 세무조사를 한다는 기사가 언론에 보도된 적이 있었습니다.

강남에 있는 고급아파트 전세보증금이면 신도시에 웬만한 아파트 한 채를 장만하고도 남을 정도니 그 전세보증금 재원에 대해 자금출처 조사를 했던 것입니다.

전세보증금과 관련된 사례를 하나 소개하겠습니다.

> **사례**
>
> ○○공사 사장이 자녀 혼사를 치루면서 축의금으로 챙긴 금액이 23억 원에 달했고 한목 단단히 챙긴 축의금으로 자녀에게 강남의 고급아파트 전세보증금을 장만해 줬다는 것입니다. 축의금이 로또 수준입니다. 온 국민이 깜작 놀랄 일입니다.
> 호화 결혼식이 사회계층 간 위화감을 조성할 뿐만 아니라 사회적으로 엄청난 민폐를 끼치는 일이므로 우리나라 경조문화가 시급히 개선되어야 한다는 것은 이견의 여지가 없을 것입니다.
> 결혼을 앞둔 자녀가 있는 분들이 저에게 질문하십니다.

Q 자녀에게 전세자금을 마련해준다거나 조그만 아파트 하나 장만해 주려고 하는 데 세무조사 받는 것 아닙니까?

A 모든 전세보증금이나 부동산 취득에 대해 세무조사를 할 수는 없으므로 국세청에서는 자금출처조사 기준금액을 다음과 같이 고시했습니다.

【재산취득자금의 증여 추정】

직업, 연령, 소득 상태로 보아 재산을 자력으로 취득하기 어려운 자가 재산을 취득한 경우에는 **증여받은 것**으로 추정해 세무서에 **출처를 소명하지 못하면 증여세를 부담한다.**

【재산취득자금 면제기준】

구분		취득재산		채무상환	총액한도
		주택	기타재산		
세대주	30세 이상	1억 5,000만 원	5,000만 원	5,000만 원	2억 원
	40세 이상	3억 원	1억 원		4억 원

비세대주	30세 이상	7,000만 원	5,000만 원	5,000만 원	1억 2,000만 원
	40세 이상	1억 5,000만 원	1억 원		2억 5,000만 원
30세 미만		5,000만 원	5,000만 원	5,000만 원	1억 원

※ 취득자금의 80% 이상을 소명하면 증여세는 과세되지 않는다.
※ 국세청에서는 강남과 판교 일대 고가주택보증금에 대한 자금출처 조사를 시행하고 있다.

그러나 이 기준금액을 초과하더라도 반드시 세무조사를 받는 것은 아닙니다. 왜냐하면 워낙 많은 거래를 모두 조사한다는 것은 불가능하기 때문입니다. 그래서 국세청에서 직업, 연령, 소득 상태로 재산을 자력으로 취득했다고 보기 어려운 경우에 세무조사를 하게 됩니다.

Q PCI 시스템 이야기를 들어보셨나요?

A 직업, 연령, 소득 상태로 보아 소비지출이 과세관청에 신고된 소득보다 현저히 많은 사람들을 세무조사 대상에 선정한다고 말씀드린 적이 있습니다. 자금출처 조사 시에는 80%만 자금의 출처를 밝힐 수 있다면 나머지 20%의 금액에 대해서는 문제삼지 않습니다. 다만 출처를 밝히지 못한 금액이 2억 원을 초과한다면 2억 원을 초과하는 금액에 대해서는 자금출처를 입증해야 합니다.

Q 자금출처를 대비하려면 어떻게 해야 하나요?

A 미리 전문가와 상의해서 자녀명의로 은행대출 등 자금출처 재원을 만들어놔야 하며 전세계약이나 주택취득 이후에도 자녀명의로 이자상환을 하는 등 지속적인 사후관리를 할 필요가 있습니다.

Q 은행대출금에 대해 이자를 경제적 능력이 빈약한 자녀를 대신해서 부모님이 불입하는 경우가 있습니다. 이런 경우 어떤 처분을 받을까요?

A 네, 부모님이 자녀에게 전세금 등을 증여한 것으로 간주해 증여세를 부과하며 신고불성실가산세 등의 무거운 처벌을 받게 됩니다. 그러므로 반드시 대출이자는 자녀명의로 상환해야 합니다.

Q 그러면 자녀들은 은행 이자를 갚고 무엇으로 먹고 살아요?

A 부모님이 생활비를 대주는 겁니다. 부모가 자녀에게 생활비를 대주는 것은 증여로 보지 않는다는 판례가 있으므로 자녀의 봉급으로 은행이자와 원금을 상환하고 대신 생활비는 부모님이 대주시는 겁니다.

부모님이 자녀의 부동산 담보대출을 대신 갚아줬는데 자금출처조사 대상이 되나요?

부모님이 자녀의 채무를 대신 변제해준 것은 증여에 해당해 증여세 부과대상이 됩니다. 예를 들면 자녀가 ○○은행에서 5억 원을 차입해 소유자금과 함께 서울시 강남구 소재의 아파트를 취득했습니다. 이후에 어머니가 자녀의 담보대출 5억 원을 대신 상환했습니다. 자녀의 수익 등 5억 원이라는 큰 금액을 본인이 직접 상환했다고 보기가 어려운 경우입니다.

이에 과세당국은 5억 원의 자금출처를 소명하라는 통보를 했습니다. 어머니가 상환한 것이므로 당연히 소명이 어려웠습니다. 소명을 하지 못해 증여로 추정되어 1억 1,000만 원의 증여세가 추징됐습니다.

상속세및증여세법 제36조에서는 '채권자로부터 채무를 면제받거나 제3자로부터 채무의 인수 또는 변제를 받은 경우에는 그 면제, 인수 또는 변제를 받은 날을 증여일로 해 그 면제 등으로 인한 이익에 상당하는 금액을 그 이익을 얻은 자의 증여재산가액으로 한다'라고 규정하고 있는 만큼 금전적 가치가 있는 재산의 증여뿐 아니라 채무를 대신 변제해주는 경우에도 증여에 해당함을 명심해야 합니다.

Q 부동산을 샀더니 자금출처를 소명하라는 통지를 받았습니다. 왜 이런 통지가 오는 거죠?

A 본인이 고소득 직업을 가지고 있으며 실제로 많은 소득을 신고하고 세금을 내는 경우라면 자금출처를 소명하라는 통지는 잘 오지 않습니다. 이미 충분한 능력이 있기 때문입니다.

본인이 입사한지 얼마 되지 않아 소득이 많지 않은데 고가의 부동산을 취득하는 경우가 있습니다. 이런 경우 본인의 소득 대비 더 많은 돈이 소요되는 재산을 취득하는 상황이므로 해당 자금의 출처를 증명하지 않으면 증여로 추정해 증여세가 부과됩니다. 아마도 누군가가 돈을 줬다고 추정하는 것입니다. 재산을 취득한 자가 직업·연령·소득 및 재산 상태 등으로 보아, 재산을 자력으로 취득했다고 인정하기 어려운 경우에는 취득자금에 대해 조사하게 됩니다.

Q 자금출처를 확인하기 위한 금액 기준이 있나요?

A 다음은 증여추정 배제기준입니다.

【증여추정 배제기준】

구분		취득재산		채무상환	총액한도
		주택	기타 재산		
세대주	30세 이상	1억 5,000만 원	5,000만 원	5,000만 원	2억 원
	40세 이상	3억 원	1억 원		4억 원
비세대주	30세 이상	7,000만 원	5,000만 원	5,000만 원	1억 2,000만원
	40세 이상	1억 5,000만	1억 원		2억 5,000만 원
30세 미만		5,000만 원	5,000만 원	5,000만 원	1억 원

Q 타인재산을 담보로 대출을 받아 부동산을 산 경우 자금출처를 인정 받을 수 있나요?

A 네, 가능합니다. 타인의 재산을 담보로 대출받은 금전으로 재산을 취득한 후 본인의 소득금액 등으로 대출금의 이자 및 원리금을 변제하는 사실이 확인되는 경우에는 자금 출처로 인정받을 수 있습니다.

Q 부동산을 3명이 공동으로 구입하면서 1명만이 대출을 받았습니다. 이 경우 자금출처 인정이 가능한가요?

A 네, 가능합니다. 대출은 1명이라고는 하더라도 공동 구입한 사람들이 그 대출금에 대한 이자지급, 원금의 변제상황 및 담보제공 사실등에 의해 사실상의 채무자가 3명인 것으로 확인되는 경우에는 각자가 부담하는 대출금은 각자의 취득자금 출처로 인정받을 수 있습니다.

세무조사 기타

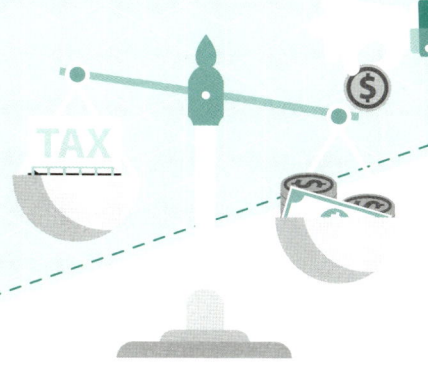

01 한 해에 세무조사를 얼마나 하나요?
02 해외계좌를 미신고하면 세무조사 받나요?
03 해외금융자료는 어떻게 세무조사하나요?
04 국세청에서 내 금융자료를 조회했다고 해요!
05 빅데이터를 활용한 세무조사
06 지방세 세무조사 사례를 알고 싶어요!
07 4대 지하경제 세무조사가 뭐예요?
08 세무조사와 관련 지하경제 발굴방안은 어떤 것이 있나요?
09 교차조사가 뭐예요?
10 다른 나라도 세무조사를 하나요? 한다면 우리나라와 많이 다른가요?
11 NTIS가 뭐예요?
12 조선 시대나 고려 시대, 그 옛날에도 세무조사가 있었나요?
13 세금신고 전에 성실신고 지원자료가 있다고 하던데요?
14 탈세정보수집은 어떻게 이뤄지나요?
15 세무조사 시 자료제출을 거부하게 되면 어떤 처분을 받나요?
16 내 물건을 내가 써도 세무조사가 나오나요?
17 관공서, 공공기관에도 세무조사가 이뤄질 수 있나요?
18 연예인의 세무조사에 대해서 알고 싶어요!

한 해에 세무조사를 얼마나 하나요?

【개인사업자 조사인원 및 조사비율】

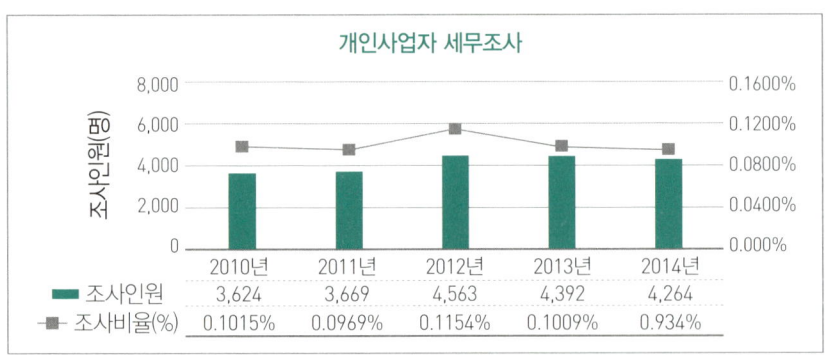

※ 출처 : 통계청

【법인조사인원 및 조사비율】

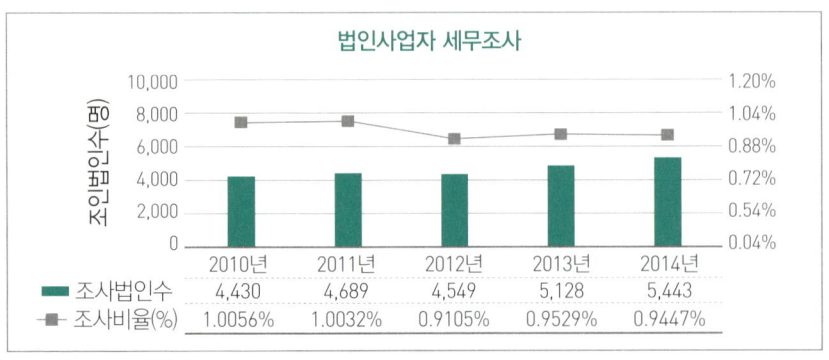

※ 출처 : 통계청

【조세범칙조사 건수 및 부과세액 추이】

(단위 : 억 원, 건)

구분		2008	2009	2010	2011	2012	2013	2014
부과세액		8,002	7,008	10,800	16,569	13,824	22,753	12,806
조사	조사건수	565	383	443	527	641	583	461
	범칙처분	536	347	421	504	614	523	425
	고발	468	301	369	449	570	454	386
	통고처분	68	46	52	55	44	69	39
	무혐의	29	36	22	23	27	60	36

※ 출처 : 통계청

국세청이 양보다 질에 중점을 두는 방향으로 세무조사 운영방식을 혁신하고 지능적 탈세자에 대해서는 엄정하게 대응하는 경향을 보이는 것으로 분석되고 있습니다.

국세청이 공개한 전체 사업자 수는 2015년 8월 기준으로 661만 명입니다. 이 중 개인사업자가 88.2%(582만 9,000명), 법인사업자가 11.8%(78만 1,000명)를 차지했습니다. 업태별로는 부동산 임대업이 21.3%(141만 명)로 가장 많았고 소매업(13.2%), 음식업(10.6%) 입니다.

2014년 기준으로 가동법인 수가 57만 개, 법인의 경우 약 1% 정도의 비율로 세무조사를 합니다. 2014년 기준 개인사업자는 456만 명으로 약 0.1%의 비율로 세무조사를 합니다만, 개인사업자의 경우 장부기장 의무가 없는 사업자가 많아 복식부기 의무를 가진 개인사업자의 경우 0.1%보다는 높은 비율로 세무조사가 이뤄진다고 생각하시면 됩니다.

해외계좌를 미신고하면 세무조사 받나요?

1 해외금융계좌신고제도

국제조세조정에관한법률에 따라 2011년부터 거주자 또는 내국법인이 보유한 해외금융계좌 잔액의 합이 10억 원을 초과하면 매년 6월 해당 금융계좌정보를 관할 세무서에 신고하는 해외금융계좌신고제도를 시행하고 있습니다.

거주자 또는 내국법인이 보유하고 있는 해외금융계좌 잔액의 합이 해당연도 매월 말일 중 어느 하루라도 5억 원을(2018년부터) 초과하는 경우 그 금융계좌의 정보를 다음해 6월 1일부터 30일까지 관할 세무서에 신고하는 제도입니다.

해외금융계좌신고제 도입 초기만해도 미신고 처벌은 과태료 부과에 그쳤으나 2013년 명단 공개가 도입됐고 2014년부터는 형사처벌도 가능하게 법이 개정됐습니다. 2015년부터는 미신고 시 해당 금액에 대해 소명해야 하는 의무도 추가됐으며 소명하지 못하면 과태료가 추가됩니다.

2 신고경향

국세청이 공개한 '2015년 해외금융계좌신고 결과'에 따르면 모두 826명이 36조 9,000억 원을 해외 금융회사에 예치하고 있는 것으로 나타났습니다. 전년에 비해 신고인원이 52명 늘면서 신고금액 증가액이 12조 6,000억 원에 달했다고 합니다. 신고금액 대부분이 법인 계좌로 나타났지만 개인계좌에 든 돈도 2조 7,000억 원에 달하는 것으로 나타났습니다. 단순히 숫자로 평균을 낸다면 법인은 1인당 827억 원을 보유했고, 개인은 1인당 65억 원을 보유하고 있는 것입니다.

출처 : 국세청

개인은 주로 미국·싱가포르·홍콩의 순서로 돈을 보유하고 있고, 법인은 중국·아랍에미리트의 순서로 돈을 예치해두고 있습니다. 국세청은 2011년 이후 2015년 상반기까지 해외계좌 미신고 금액 1조 2,611억 원을 찾아내 계좌명의자 155명에게 과태료 508억 원을 부과한 기록이 있습니다.

【신고의무면제자】

구분	신고의무면제사유
외국인 거주자	신고대상연도 종료일 10년 전부터 국내에 주소나 거소를 둔 기간의 합계가 5년 이하인 경우
재외국민	신고대상연도 종료일 2일 전부터 국내에 거소를 둔 기간의 합계가 180일 이하인 경우(국내에 주소를 둔 경우는 신고의무자임)
금융회사 등, 기타 면제기관	금융회사 등 및 다른 법령에 따라 국가의 관리·감독이 가능한 기관
해외금융계좌 관련자	해외금융계좌 관련자 중 어느 하나의 신고를 통해 본인의 모든 해외금융계좌 정보가 제출된 자
국가, 지방지치단체, 공공기관	

상장 주식의 경우 금융기관에 예치돼 있기 때문에 보고 대상이 되는데 비상장 주식의 경우 일반적으로 금융기관에 예치돼 있지 않는 비상장 주식은 보고 대상이 아닙니다. 부채는 신고 대상이 아니며 해외 금융자산만 신고 대상입니다.

해외금융계좌의 신고 대상 여부는 각 인별로 보유하는 계좌의 잔액으로만 판단합니다. 부부, 직계존비속 등 동거가족의 계좌는 합산하지 않습니다.

【과태료율】

미(과소)신고 금액	과태료율
20억 원 이하	해당금액 × 10%
20억 원 초과 50억 원 이하	2억 원 + 20억 원 초과금액 × 15%
50억 원 이상	6.5억 원 + 50억 원 초과금액 × 20%

신고기한 내에 신고하지 않거나 과소 신고한 경우 미 신고·과소 신고 금액의 20% 이하의 과태료가 부과됩니다. 또한, 해당 금액의 출처에 대해 소명을 해야 하며 미 소명, 거짓 소명시 그 금액의 20% 상당의 과태료를 추가로 부과합니다. 미 신고, 과소 신고 금액이 50억 원을 초과하는 경우 신고의무 위반자의 인적사항 등을 공개하고, 형사처벌 2년 이하의 징역 또는 20% 이하의 벌금이 부과될 수 있습니다.

만약 5년 동안 계속 10억 원(2018년 이전, 현재는 5억)이 초과되었는데 한 번도 신고하지 않았다면 5회의 과태료가 부과되기 때문에 최악의 경우 원금전체를 과태료로 내는 상황이 발생될 수 있습니다. 차명계좌 또는 공동명의계좌에 대해 아무도 신고하지 않은 경우 과태료는 실질소유자, 명의자, 공동소유자 모두에게 각각 패널티가 부과됩니다.

❸ 해외금융계좌 신고포상금제도

다른 사람의 해외금융계좌 신고의무 위반행위를 적발하는 데 중요한 자료를 제공한 자는 최고 20억 원의 범위에서 적발에 따른 과태료 또는 벌금액에 5~15%의 지급률을 곱한 금액에 상당하는 포상금을 지급받을 수 있습니다. 2015. 1. 1. 이후 자료를 제공하는 경우부터는 탈세신고 포상금 및 체납자 은닉재산 신고 포상금수령과 관계없이 해외금융계좌 신고포상금을 별도로 지급받을 수 있습니다.

해외금융자료는 어떻게 세무조사 하나요?

Q 해외에 금융자료가 있는 사람들은 국세청에 신고해야 한다는데 만약에 신고하지 않으면 국세청에서는 어떻게 세무조사를 하나요?

A 2017년 9월부터 다자 간 조세정보자동교환협정(MACC; Multilateral Competent Authority Agreement on Automatic Exchange of Finance Account Information)에 의해 국가 간에 금융자료를 교환하게 됩니다. 국가 간 금융자료 교환에 의해 국세청에서는 납세자의 탈루소득을 세무조사할 수 있게 됐습니다.

Q 어떤 식으로 국가 간에 금융자료를 교환하나요?

A 한미금융정보자동교환협정(FATCA; Foreign Account Tax Compliance Act) 비준동의안이 2016년 9월 7일 한국 국회를 통과했습니다. 협정에 따르면, 한국 국세청(NTS)은 미국 내 은행에 연간이자 10달러를 초과하는 예금계좌를 개설한 한국납세자의 금융정보를 넘겨받게 되며, 미국연방국세청(IRS)은 한국 내 개설된 5

만 달러 초과 영주권자 등 미국 납세자의 계좌정보를 제공받게 됩니다.

미국과의 금융정보 교환이 본격적으로 시작되면, 일부 고소득층이나 기업의 역외탈세행위에 제동이 걸릴 뿐 아니라 한미 양국에 있는 고액 예금을 고의적으로 숨긴 경우 과세당국에 포착될 가능성이 높아질 것입니다. 해외금융계좌신고(FBAR; Foreign Bank Account Report) 제도를 시행했음에도 기존의 자발적인 신고가 부진하자, 지난 2010년 도입된 새로운 국가 간 정보교환방식입니다. 참고로 미국은 현재 전 세계 112개국과 금융정보교환을 하고 있습니다.

Q 미국 이외의 나라들과는 어떻게 금융자료를 교환하나요?

A OECD는 역외탈세를 방지하고 국제적 납세의무를 촉진하기 위해 자동정보교환 표준모델인 공통보고기준(CRS; Common Reporting Standard)을 제정했습니다. CRS는 자동정보교환의 실효성을 증진하고 금융기관의 부담을 경감하고자 OECD에서 마련한 자동정보교환 표준모델입니다.

2014년 10월 독일 베를린에서 우리나라를 포함한 51개국이 다자 간 조세정보자동교환협정(MACC; Multilateral Competent Authority Agreement on Automatic Exchange of Finance Account Information)에 서명했습니다. 우리나라는 CRS의 조기 이행그룹(EAG; Early Adapters Group)으로서 2017년부터 정보교환을 이행할 것에 대한 공동 성명에 참여했습니다. 다자 간 조세정보자동교환협정은 향후 가입국가가 더욱 확대될 것으로 예상되므로 앞으로는 전 세계 대부분의 금융자료가 국가 간에 교류될 것으로 판단됩니다.

국세청에서 내 금융자료를 조회했다고 해요!

최근 J사장은 거래하고 있는 은행으로부터 국세청이 자신의 금융거래내역을 조회한 사실을 통보받고 깜짝놀랐습니다. 6개월 전에 국세청으로 부터 J사장의 금융거래내역을 통보해달라는 공문을 받고 J사장의 금융거래내역을 알려줬다는 것입니다.

Q 국세청이 개인의 금융거래내역을 조회할 수 있나요? 아무리 국가기관이라 하지만 개인의 사생활보호도 중요한 것 아닌가요? 어떤 근거에 의해 무슨 목적으로 금융거래조회한 것인지 궁금합니다.

A 국세청이 개인의 금융거래정보를 요구할 수 있는 근거는 금융실명법 제4조에 규정돼있습니다. 조세에관한법률에 따라 제출의무가 있는 과세자료 등의 제공과 소관 관서의 장이 상속, 증여, 재산의 확인 조세탈루의 혐의를 인정할 만한 명백한 자료의 확인, 체납자의 재산조회, 국세징수법에 따라 조세에 관한 질문조사를 위해 필요한 경우에 금융거래정보를 요구할 수 있습니다.

Q 국세징수법 4조에 의해 국세청에서 개인정보를 조회했는데 왜 6개월이나 지난 후에 당사자에게 통보하는지 궁금합니다.

A 금융실명법에서는 금융거래정보를 국가기관 등에 제공한 경우에는 제공한날부터 10일 이내에 당사자에게 통보하게 돼있습니다. 다만 국세청장 등으로부터 통보유예를 요청받은 경우에는 6개월의 범위 내에서 통보를 유예해야 합니다.
국세청에서 통보유예 요청을 받았기 때문에 금융기관에서는 부득이하게 당사자에게 6개월이 지나서야 통지하게 되는 것입니다.

Q 국세청에서 금융거래정보를 조회해 갔다면 세무조사를 받게 되는 것 아닌가요

A 그렇지 않습니다. 국세청에서는 제공받은 금융자료를 자료확인 등의 목적에 사용하지만 금융자료를 조회했다고 해서 세무조사 대상에 선정되는 것은 아닙니다. 단, 조세탈루혐의가 의심되는 경우에는 자금출처 소명안내문을 발송하거나 세무조사 대상에 선정하기도 합니다.

Q 금융정보분석원(FIU)이 뭐하는 기관인가요?

A 금융정보분석원은 특정금융거래 '정보의보고및이용에관한법률' 제3조에 의거해 성립되었으며 금융회사 등으로부터 자금세탁 관련 혐의 거래보고 등의 금융정보를 수집 및 분석해 이를 법집행기관에 제공하는 단일의 중앙국가기관입니다. 현재 세계 각국은 금융정보분석원을 설치하고 자금세탁방지시스템을 마련하는 등 국가 간 공조체제를 유지하고 있습니다.

Q 금융기관이 금융정보분석원에 어떤 정보를 제공하게 되나요?

A 의심거래와 고액현금거래를 보고하게 돼있습니다.

의심거래보고는 금융회사 등이 불법재산이라고 의심되거나 자금세탁혐의로 의심되는 합당한 근거가 있을 때에는 금융분석원장에게 보고해야 하는 제도를 말합니다.

고액현금거래보고제도는 1일 거래 동안 1,000만 원 이상의 현금을 입금하거나 출금한 경우 거래자의 신원과 거래일시, 거래금액 등 객관적 사실을 보고하는 제도를 말합니다.

Q 의심거래보고제도는 구체적으로 어떤 경우에 보고한다는 것인가요?

A 고액현금거래를 피하기 위해 거래자가 자금 쪼개기를 할 수 있습니다. 예를 들면 990만 원만 인출하거나 고액현금거래에 해당되지 않을 금액만큼만 계속 반복적으로 거래가 발생하는 경우 등 불법재산이나 자금세탁이 의심되는 경우에 금융회사 종사직원의 주관적 판단에 의해 보고하게 돼있습니다.

Q 만약 금융회사직원이 고액현금거래나 의심거래에 대해서 보고를 하지 않은 경우에는 어떤 처분을 받게 되나요?

A 최근 금융정보분석원(FIU)은 자금세탁 의심거래보고의무를 위반한 울주 새마을금고에 과태료 500만 원을 부과했습니다.

금융정보분석원은는 새마을금고를 비롯한 상호금융사에 과태료를 부과하는 것은 처음이라고 설명했습니다. 최근 2년간 금융정보분석원은 보고의무를 제대로 하지 않은 A 은행에 19억 9,000만 원,

B 저축은행에 5억 9,000만 원의 과태료를 부과했습니다. 금융정보분석원은 측은 "앞으로 금융권을 대상으로 검사 및 감독을 강화해 의심거래보고 및 고액현금거래보고 외에도 실소유자 확인이 제대로 이뤄지는지를 면밀하게 점검할 예정"이라고 발표한 적이 있습니다.

05 빅데이터를 활용한 세무조사

Q 빅데이터가 무슨 뜻인가요?

A 빅데이터의 사전적 의미는 기존의 관리 방법이나 분석 체계로는 처리하기 어려운 엄청난 양의 데이터를 뜻합니다. 1880년대 미국에서 나온 용어로, 시대에 따라 개념은 바뀌고 있습니다. 빅데이터가 주목받는 이유는 기업이나 정부, 포털 등이 빅데이터를 효과적으로 분석함으로써 미래를 예측해 최적의 대응방안을 찾고, 이를 효익으로 연결해 새로운 가치를 창출하기 때문입니다.

Q 빅데이터가 우리생활에서 어떻게 활용되고 있는 건가요?

A 우선 서울시가 심야버스를 운행하는 것도 빅데이터로 작업해서 만든 것입니다.

어느 시간, 지역에 사람이 많은지, 어느 지역으로 사람이 이동하는지를 수집해 분석하고 그에 따른 통계치를 내서 심야시간에 사람이 많은 지역에 심야버스를 운행하고 있습니다. 또 다른 예로

스포츠에도 빅데이터는 유효적절하게 활용되고 있습니다. 축구선수들 축구화에 칩을 장착해서 선수들의 활동량, 컨디션, 주 활동거리 등을 수집해서 통계를 내고 그 통계치를 참고해 다음 경기의 전술과 전략에 활용하는 것입니다. 이처럼 빅데이터는 우리생활 모든 부분에 이미 깊숙이 자리잡고 있습니다.

Q 세무조사에 빅데이터는 어떻게 활용되고 있나요?

A 국세청은 빅데이터의 선두주자라고 할 수 있습니다. 국세청은 40여 년 전부터 이미 빅데이터를 활용하고 있습니다. 1970년대 중반부터 대기업들도 전산화가 되지 않았을 당시에 국세청은 최고 성능의 컴퓨터를 도입해 지금까지 수많은 데이터를 축적해놓고 있습니다. 세무조사 선정에서 조사과정까지 이 데이터들은 놀라운 효력을 발휘하고 있습니다. 국세청은 납세자의 금융거래, 부동산 및 주식 거래내용, 사업소득내용, 해외출입국내용, 해외금융거래내역, 가족관계 및 가구원 전체에 대한 소득 및 재산변동상황 등 납세자의일거수 일투족을 손금 보듯이 파악하고 있는 것입니다. 빅데이터를 이용한 세무조사 사례의 대표적인 사례가 PCI 시스템이라고 말씀드릴 수 있습니다. 국세청에서는 납세자의 모든 소득과 지출을 손금 보듯이 파악하고 있습니다. A라는 사람이 자기가 10억 원을 벌었다고 국세청에 신고했다고 가정하겠습니다. 그런데 국세청에서 빅데이터를 활용해 A라는 사람이 부동산 취득등에 지출한 금액이 20억 원이라는 데이터가 출력됐습니다. 그러면 소득과 지출의 차이 10억 원은 소득신고 누락혐의를 받게 되는 것입

니다. PCI 시스템처럼 빅데이터는 세무조사 전반에 걸쳐 정보자료로 활용되고 있습니다.

Q 빅데이터를 통한 기업세무조사 사례는 어떤 것이 있나요?

A 프랜차이즈 업계 가맹점에 대한 부가가치세 추징사례가 있습니다. 국세청에서는 프랜차이즈 가맹사업자의 부가가치세 신고액과 실시간 재고 관리시스템(POS 시스템, Point-of-Sales System])자료를 비교해 가맹점주에게 과소신고액을 안내해 과소신고액을 추가 납부하라고 통지한 적이 있습니다. 또 다른 예를 들어 보겠습니다. 미국에서 화장품을 수입해 소매매장, 미용실 등에 판매하던 도소매업자의 경우입니다. 국세청에서는 빅데이터를 활용해 식품의약품안전청에서 관리하고 있는 수입화장품 신고실적 신고자료와 화장품법에 의한 수입화장품 수입기록관리부 등을 납세자의 신고자료와 비교분석해 매출 누락액을 밝혀냈습니다.

지방세 세무조사 사례를 알고 싶어요!

Q 주로 어떤 경우에 지방세 세무조사를 받게 되나요?

A 최근 일정액 이상 고액 부동산 등을 취득한 법인, 최근 일정액이상의 지방세를 비과세 감면받은 법인, 전년도조사 미실시 및 자산취득과 유형고정자산 변동이 큰 법인, 농업법인이 감면받은 부동산을 목적 외 사용한 경우, 상속재산 미신고분, 자경농민, 창업중소기업, 농업법인, 종교단체 등이 취득세를 감면받고 유예기간 동안 감면 목적에 맞게 사용하지 않은 경우, 비상장법인의 주식 취득에 의한 과점주주 신고 누락, 공동주택건설업자의 지방세 신고 누락 등의 경우에 지방세세무조사에 선정되고 있습니다.

Q 최근 지자체의 기업세무조사권이 언론에 자주 보도되고 있습니다. 기업세무조사권이 무슨 의미인가요?

A 지자체의 기업 세무조사권한은 2013년 지방세법을 개정하면서 처음 도입됐습니다. 지방세제가 개편되기 이전에는 국세청이 거둔 법

인세의 10%를 해당 기업의 사업장이나 지사가 있는 각 시·군·구에 배분해왔으나, 지난해부터 기업이 각 지방정부에 직접 신고·납부하도록 세제가 개편됐습니다. 이 같은 조치로 전국 226개 시·군·구가 모두 세무조사권한을 갖게 됐습니다. 문제는 지자체가 세무조사권한을 가지면서 하나의 소득에 대한 '중복' 세무조사 우려가 상존하고 있다는 것입니다. 전국에 여러 개의 사업장을 가진 기업의 경우 여러 지자체로부터 중복해 세무조사를 받을 수 있으며, 지방 중소기업 등도 지자체와 국세청으로부터 중복 세무조사를 받을 수 있어 납세자의 과도한 세무조사 부담을 초래할 수 있다는 것이 커다란 문제점이 되고 있습니다.

더욱이 각 지자체가 국세청에서 결정되는 소득세·법인세 과세표준과 다르게 별도의 과세표준으로 결정·경정하게 될 경우도 문제점으로 지적되고 있습니다. 다시 말해, 하나의 소득에 대해 소득세·법인세와 지방소득세 간 과세표준이 달라질 수 있다는 것입니다. 이 같은 우려가 높아짐에 따라, 국세·지방소득세에 대한 세무조사를 국세청으로 일원화시키려는 방안에 힘이 실리고 있습니다.

반면 지자체에서는 '세무조사권을 제한할 경우 지자체의 과세자주권을 침해하게 될 것'이라고 불쾌감을 드러내고 있는 상황입니다.

Q 지방세 세무조사 시 어떤 서류를 주로 보게 되나요?

A 지방세 세무조사 시에는 주로 다음 서류를 참고해 조사하게 됩니다.

> **Tip 지방세 세무조사 시 참고할 서류**
>
> 재무상태변동표, 손익계산서, 유형고정자산계정별 원장(총괄·토지·건물·구축물·차량·기계장비 등), 법인세 과세표준액 및 세액신고서, 사업장별 주민세 안분내역서(사업장이 2개 이상의 시·군에 있는 법인만), 주식이동상황명세서(비상장법인에 한함), 취득 부동산(용지포함)계약서, 도급공사계약서, 건설법인은 상기 공통으로 첨부해야 할 서류 외에 다음 서류를 첨부)착공에서 준공까지 연도별 사업장별 공사원가 명세서(APT, 상가 구분)

Q 지방세 세무조사 시 추징되는 사례를 알고 싶어요.

A 추징내용을 살펴보면, △법인 토지구입과 건물신축 관련 취득가액을 누락시키는 경우 △지방세감면을 받고 감면사유인 관련 고유목적에 미사용한 경우 및 가설건축물 미신고한 경우 일례로, A법인은 공동주택 부지조성 과정에서 토지취득 부동산에 대한 취득세 등을 자진 신고·납부하지 않아 취득세 8,200만 원이, B법인은 임대의무기간 내 매각으로 8,400만 원이 추징됐습니다. C법인은 축사를 신축하면서 건축물과 일체가 되는 공조기 등 주요 시설물 설치비용을 과표에서 뺀 체 취득세를 1억 6,000만 원만 납부했다가 적발돼 8,000만 원을 추징당했습니다. D법인은 일반 주택으로 건축허가를 받아 건물을 지은 뒤 팬션으로 용도를 전환해 결과적으로 재산세를 적게 낸 사례가 적발되기도 했습니다. 법인의 과점주주가 되는 경우에 취득세를 납부해야 하는데 법령의 미숙지로 신고 누락하는 경우가 많습니다.

4대 지하경제 세무조사가 뭐예요?

Q 가끔식 언론에서 4대 지하경제에 대해서 세무조사를 강화하겠다 하는 보도를 볼 수 있는데 4대 지하경제가 무엇인가요?

A 국세청은 다음과 같은 4대 지하경제에 대해 역량을 집중할 것이라고 발표했습니다.

- ☑ 탈세규모가 크고 경제적 부담능력이 있는 대납세자
- ☑ 고소득 자영업자
- ☑ 민생침해 탈세자
- ☑ 지능적 역외탈세자

【4대 지하경제 분야】

구분	세부 분야
대기업·대자산가	비자금, 불공정거래, 편법상속·증여
고소득자 영업자	차명계좌·현금거래 탈세·가공비용 계상
세법질서·민생침해 사범	불법사채업, 주가 조작, 가짜 석유, 자료상 등
역외탈세자	해외발생소득 은닉, 국내재산의 불법 해외 유출

Q 국세청에서 4대 지하경제에 대해 어떤 식으로 역량을 집중하고 있나요?

A 국세청에서는 지하경제 양성화를 위해 지하경제 양성화 자문위원회를 두고 있습니다. 지하경제 양성화에 대한 지식과 경험이 풍부한 대학교수, 관련 분야 전문가 등으로 구성된 지하경제 양성화 자문위원회는 국세청 훈령(지하경제 양성화 자문위원회 운영규정)에 의거 2013년 4월 설치돼 지하경제 양성화 전반에 걸쳐 실질적인 자문기능을 수행하고 있습니다.

Q 국세청의 지하경제에 대한 역량강화로 지하경제 양성화가 어느 정도나 이뤄졌나요?

A 역외탈세 부분과 관련 대재산가 등이 전문가 조력을 받아 조세피난처를 경유하는 등 은밀하게 이뤄져 정보를 얻는데 어려움이 있습니다. 이를 위해 국세청에서는 해외금융계좌 신고제를 적극 활용하고 있습니다.

해외금융계좌 미신고자 형사처벌 제도를 적극 홍보하는 한편, 역외탈세자에 대한 조사역량 집중, 해외 주요국들과의 정보교환협정 등 국제공조를 강화하는 방식으로 역외탈세 대응역량을 강화하고 있습니다. 특히 역외탈세는 전문가의 조력을 받아 조세피난처 지역을 경유하는 등 은밀하고 치밀하게 탈세가 이뤄지는 경향이므로 다음의 3가지에 관점을 갖고 역량을 강화하는 것으로 파악됩니다.

- ☑ 조세피난처 재산은닉 확인
- ☑ 해외 투자를 가장한 지능적인 역외탈세자에 대한 조사역량 집중
- ☑ 역외정보활동 및 주요국과의 국제공조를 강화

또한 국세청은 성실신고확인제도와 빅데이터를 통한 사전사후 신고검증제를 운영해 지하경제 양성화작업에 역량을 강화하고 있습니다.

국세청 지하경제 세무조사 사례

사례 1 사주의 자녀가 대주주인 법인을 통해 우회수출하면서 용역대가를 과다 지급하는 방법으로 부당하게 이익을 분여

- ☑ 업종 : 제조업
- ☑ 제조업체인 ○○○은 해외 현지법인에게 직접 수출하다가 자녀들에게 이익을 분여하기 위해 자녀들이 대주주인 법인 3개를 설립한 후 이를 통해 부품을 우회 수출하면서, 수출대행 용역수수료를 실제보다 높게 지급(평균 수수료 대비 7배)하는 방법으로 사실상 대주주인 자녀에게 이익을 증여
- ☑ 신주인수권부사채를 자녀들이 대주주인 특수관계법인이 저가에 인수하도록 한 후, 고가에 주식으로 전환함으로써 전환이익을 주주인 자녀에게 증여
- ☑ 부당한 이익분여 등에 대해 법인세, 증여세 등 317억 원 추징

사례 2 수입대금 및 수수료 과다지급을 통해 법인자금을 해외에 유출하고 사주가 사적으로 사용

- ☑ 업종 : 제조업
- ☑ 제조업을 영위하는 중견기업 □□□의 사주 ○○○은 해외로 기업자금을 유출하기 위해 미국과 홍콩 거래처에서 부품을 수입해 제조하는 과정에서, 수입대금 및 수수료를 과다지급하고, 유출된 자금은 홍콩 등에 개설된 사주의 계좌로

되돌려 받아 국내에 다시 반입해 타 법인에 투자하는 등 법인자금을 부당하게 유출해 사적으로 사용

- ☑ 탈루소득 616억 원에 대해 법인세 등 211억 원 추징

사례 3 사채자금으로 상장기업을 인수한 후, 호재성 허위공시를 통해 주가를 조작하고 자금을 횡령한 기업사냥꾼

- ☑ 업종 : 미등록
- ☑ ○○○은 경영권 인수를 전문으로 하는 기업사냥꾼으로서 사채자금 800억 원으로 상장기업을 인수한 후, 상장기업으로 하여금 본인이 보유한 해외부실기업 주식을 고가에 매입하도록 해 기업자금을 유출시키고, 본인의 해외부실기업 주식 매각으로 얻은 양도차익 120억 원을 신고 누락함.
- ☑ 상장기업이 해외부실기업 주식을 취득한 것을 해외자원개발에 투자한 것처럼 허위 공시해 주가를 조작한 후, 상장기업 주식을 매각함으로써 소액주주에게 막대한 피해를 초래
- ☑ ○○○이 전주 4명에게 지급한 이자 84억 원도 전주들이 전액 신고 누락
- ☑ 기업사냥꾼과 전주 4명에게 소득세 등 83억 원 추징

세무조사와 관련 지하경제 발굴방안은 어떤 것이 있나요?

지하경제란 정부의 규제를 피해 보고되지 않는 경제를 말합니다. 지인분들 중 현금인출내역이 금융정보분석원에 통보됐다는 문자를 받고 혹시 세무조사를 받는 대상이 되는 게 아니냐는 질문을 받습니다. 이는 지하경제 양성화를 위한 정보의 제도로서 운영되고 있는 내용입니다.

1 금융정보분석원

금융정보분석원은 특정금융거래보고법상 의심거래제도, 고액현금거래보고제도 등을 근거로 보유한 자료를 국세청에 제공하고 이를 국세부과징수 업무에 활용합니다.

좀 더 살펴보면 의심거래보고제도는 금융회사 등이 주관적인 판단을 해 금융거래 중 자금세탁이 의심스러운 거래에 대해서는 의무적으로 금융정보분석원에 보고하는 제도입니다. 의심거래보고제도는 2001년 도입 당시 보고하는 입출금거래금액을 5,000만 원으로 정했다가 점차 낮췄습니다. 결국 2013년부터는 금액의 기준을 없애고 금융거래기관의 판단에 따라 운영되고 있습니다.

2 포상금제도

포상금제도는 지하경제를 양성화하는 데 많은 효과를 보고 있습니다. 현재 탈세제보를 하는 경우 최대 40억 원까지 포상금을 받을 수 있습니다. 탈세제보가 들어오면 강력한 세무조사에 의해 조세포탈 등의 혐의가 있는지 확인합니다. 탈세제보의 방법은 다음과 같습니다.

> **Tip 탈세제보의 방법**
>
> ① 홈택스 → 상담 제보 → 탈세제보(https://www.hometax.go.kr)
> ② 국세청 세미래 콜센터(국번 없이 ☎ 126)
> ③ 대통령실, 감사원, 국민권익위원회 등

3 현금영수증 의무발급업종 확대

2016년 7월부터 안경점, 가구점을 포함해서 52개 업종에서 10만 원 이상 결제 시 현금영수증을 의무적으로 발급해야 합니다. 물건 구입한 사람이 현금영수증을 요구하지 않더라도 국세청이 정한 전화번호(010-000-1234)로 자진발급을 해야 합니다. 이를 어겼다가 발각되면 과태료가 부과됩니다.

4 기타

최근 전자세금계산서가 활성화돼 자리잡았고, 신용카드 사용과 현금영수증 발급이 일상화됨에 따라 많은 거래가 투명해졌습니다. 조세특례제한법을 둬 금, 구리 등 투명한 거래가 이뤄지도록 유도하고 있습니다.

교차조사가 뭐예요?

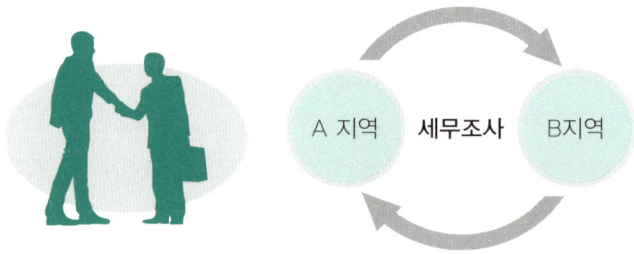

　일부 기업들이 특정지역에서 오랜 연고를 가지고 사업을 하면서 탈세를 통해 재산을 축적하고 비리에 관련되는 등 물의를 야기한다는 뉴스가 심심치 않게 방송되는 것을 볼 수 있습니다. 교차 세무조사는 기업이 소재한 관할 지방청 대신 다른 지방청에서 세무조사를 담당하는 개념으로 지역에 연고를 둔 기업 등에 대해 유착 소지를 미리 차단해 공정하고 엄정한 세무조사를 하기 위해 실시되는 제도입니다.

교차조사의 대상은 그 특성상 수도권에 있는 기업보다는 지역에 오랜 기반을 둔 기업이 상대적으로 많으며, 서울·경기도 등 수도권을 제외하고는 여건이 비슷한 각 지역별로 균형 있게 조사하고 있습니다.

【2009년 지방청별 교차조사 내역 : 세적관할 기준】

지방청별	계	서울청	중부청	대전청	광주청	대구청	부산청
조사건수	29	4	8	4	3	3	7

업종별로는 인·허가 관련 유착 소지가 있고, 지역연고 특성이 강한 건설업과 제조업이 상대적으로 많은 것으로 파악되고 있습니다.

국세청이 강도 높은 세무조사를 위해 관할청을 바꿔 실시하는 '교차조사' 건수가 점차로 증가하는 경향을 보이고 있습니다. 특히 국세청 내 '저승사자'로 불리는 서울지방국세청 조사4국에 배당된 조사건수도 증가하는 것으로 나타났습니다.

조사4국은 기업의 탈세혐의와 법인세 탈루, 조세포탈 등 강도 높은 조사를 전담하는 조직으로 알려져 있습니다.

국정감사를 위해 국세청으로부터 제출 받은 자료에 따르면 2015년 상반기까지 교차조사가 실시된 건수는 총 31건으로, 2014년 한 해 실적인 26건을 훨씬 웃도는 것을 알 수 있습니다.

다른 나라도 세무조사를 하나요?
한다면 우리나라와 많이 다른가요?

1 중국

중국에도 일반조사, 특별사안조사, 관세조사 등의 세무조사가 있습니다. 일반조사는 정기적인 성격의 조사로서 주로 일정기간이 경과한 기업을 중심으로 이뤄집니다. 다만, 세관조사는 수시로 이뤄집니다. 특별사안조사의 경우 주로 대기업이나 호황업종 위주로 진행되며 국가세무총국의 주도로 이뤄집니다.

중국의 세금 종류로는 기업소득세, 증치세(부가가치세), 영업세, 소비세, 관세 등이 있습니다.

2 미국

미국에도 한국의 세무서처럼 IRS라는 미국세무서가 필요시 세무조사를 하고 있습니다. 미국 세무관리의 특징은 성실신고를 유도하기 위해 세무행정자료를 일반인에게 공개하고 납세자 교육에도 많은 중점을 두고 있다는 것입니다.

세무조사의 종류는 서면조사, 사무실조사, 현장조사로 구분됩니다. 서면조사는 특정항목에 대한 서면자료만을 기초로 진행하는 조사로 필요한 서류를 우편으로 제출하도록 요청한다고 합니다. 사무실조사는 조사 대상자가 국세청 사무실에 출석해 조사받고, 현장조사는 세무공무원이 사무실에 직접 나와서 조사하는 경우입니다.

미국의 경우 소위 소환장(Summons)에 의한 강제조사가 폭넓게 행해진다고 할 수 있는데 이 소환장에 의해 과세당국은 자료의 확보, 관련자 조사 등을 실시할 수 있으며, 납세자가 이 소환장에 불응할 경우 형벌이 부과됩니다. 2013년에 미국에서의 법인세 등 세무조사 비율이 전체의 0.8% 정도입니다.

3 일본

일본에서도 우리나라와 비슷한 형태의 세무조사가 있습니다. 현장에 나와서 장부를 조사하고 필요서류를 요구하는 등으로 세무조사가 이뤄집니다. 또한, 원칙적으로 사전통지를 하지만 예외적으로 무예고 조사도 있습니다.

납세자가 억울하거나 부당하다고 생각하는 경우 이의신청이나 심사청구, 소송할 수 있습니다. 또한, 가산세와 연체세가 있으며 그 세율은 우리나라와 다르지만 크게 다르지는 않습니다. 일반과소신고 가산세 10%(우리나라 10%), 일반무신고가산세 15%(우리나라 20%), 중가산세 35%~40%(우리나라 40%)입니다. 일본에는 한국의 세무사처럼 세리사가 있습니다. 일본은 서면첨부제도를 두고 세리사가 신고서를 작성할 때 장부와 증빙, 관련 서류에 의해 과세표준세액을 성실하게 계산했다는 서면을 제출합니다. 이러한 서면첨부내용을 세무조사 여부의 판단에 적극적으로 활용한다고 합니다. 또한, 의견청취와 조사를 구분해 의견청취 시 질문 등으로 수정신고를 하는 경우 가산세의 대상이 되지 않습니다.

4 유럽

유럽의 경우 현재 EU의 행정부격인 유럽집행위원회(EC)에서 회원국들의 세무특혜를 조사한 사례가 있습니다. 집행위원회 산하 공정거래 당국에서 조사를 주로 담당합니다.

NTIS가 뭐예요?

　국세청은 2015년 6월에 세종시 국세청사에서 차세대 시스템의 새로운 이름을 '엔티스(NTIS)'로 확정하고, 공식명칭 선포식을 가졌습니다.
　엔티스(NTIS ; National Science&Technology Information Service)는 기존 국세행정통합시스템(TIS)의 브랜드 가치를 살리면서 TIS가 새롭게 탄생한다는 의미를 담고 있습니다.
　새로운 국세행정 시스템인 엔티스(NTIS) 구축사업은 2010년 1월부터 2015년 6월까지 5년 6개월간 총 예산 2,000억 원 이상 투입된 대

규모의 정보화사업으로 프로그램 22,300여 본을 개발하고 데이터 약 1,800억 건을 새로운 시스템으로 이행했습니다.

엔티스는 20여년 축적된 전자세정 노하우와 최신 정보통신기술을 접목해 분산 운영되었던 여러 개의 시스템을 통합한 차세대 시스템으로 내부 업무용인 세정업무 포털과 납세자에게 인터넷으로 세정서비스를 제공하는 홈택스 포털로 구성돼있습니다. 다양하고 정확한 분석자료 생성이 가능해진 엔티스는 다음과 같은 지원을 하고 있습니다.

- ☑ 납세자가 신고 시 실수하기 쉬운 사항들을 사전 안내하고 과거 신고내역 등 신고에 도움이 되는 다양한 정보를 제공해 자발적인 성실신고를 지원
- ☑ 한층 발전된 IT 기술을 기반으로 미리채움(Pre-filled) · 모두채움(Full-filled) 서비스 등을 확대해 영세납세자의 납세협력비용 절감
- ☑ 처리해야 할 일을 시스템에서 알려주는 내 할 일, 수동문서를 전자화한 전자서고, 우편물을 통합 처리하는 우편물자동화센터 등을 개선해 국세청 내부 세정생산성을 향상
- ☑ 과거 개별 구축된 국세정보 데이터를 통합DB로 구축해 국세정보 간 연계 및 통합분석이 용이해졌고 프로그램 개발방식 표준화로 시스템 유연성을 확보했으며 분산된 시스템을 통합하고 연계를 강화한 엔티스(NTIS)에서는 다양한 세무정보를 납세자에게 적시에 제공
- ☑ 납세자가 직접 관리하기 어렵고 신고 시 간과하거나 실수하기 쉬운 사항들을 사전에 구체적으로 안내하고, 과거 신고내역 · 지출내역 등 신고에 도움이 되는 다양한 정보를 제공함에 따라 자발적인 성실신고를 지원
- ☑ 보다 정밀해진 분석자료를 기반으로 한 납세자 개인별 맞춤형 서비스 등 한 차원 높아진 납세서비스를 제공
- ☑ 처리할 일과 기한을 관리해주는 지능형 업무환경, 법령 · 판례를 제공하는 지식기반 업무환경을 지원해 보다 신속하고 정확한 업무처리

☑ 각종 종이문서를 전자적으로 수록해 상시 활용하는 전자서고 도입과 일선 우편물을 통합처리 하는 우편물자동화센터 개선으로 직원들이 본연의 업무에 집중할 수 있는 근무 여건을 조성

  2015년 한해에 국세청이 걷은 세금은 208조 2,000억 원으로 2014년보다 12조 4,000억 원(6.0%) 늘었습니다. 경기 둔화에도 세수가 늘어난 상황인데 이는 국세청이 도입한 국세행정시스템(NTIS)가 세수 확대에 한몫했다는 판단입니다. 허위신고를 줄이고 자발적인 성실신고가 늘었다고 합니다(일부 내용 세정일보, 2015.7.6. 국세청 TIS 이제 '엔티스(NTIS)'로 불러주세요 참고).

조선 시대나 고려 시대, 그 옛날에도 세무조사가 있었나요?

Q 조선 시대에는 매매와 상속에 따른 세금이 있었나요?

A 조선 시대에는 땅의 상속 및 매매에 대한 세금은 없었으며 소유한 땅에 대한 세금, 즉 전세만 있었습니다. 조선 시대의 전세제도는 과전법, 공법, 영정법으로 계속 변화했고 숙종 후반 이후 비총제, 19세기에 도결(都結)이라는 방식으로 전세를 징수했습니다. 우리

나라 상속세는 일제강점기인 1934년 6월 훈령 제19호로 조선상속세령이 공시돼 창설됐고 양도차익에 대한 세금은 미군정기인 1948년 4월부터 과세했습니다. 그러므로 조선 시대에는 양도와 상속에 대한 세금은 없었다고 보는 게 맞습니다.

Q 그럼 조선 시대에도 세무조사가 있었나요?

A 세무조사라는 표현이 조선 시대에는 어울리지 않는다고 봅니다. 조선 시대는 토지의 상태와 작황에 따라 세금을 부과했습니다. 그 시대에는 아무리 좋은 땅이라도 그해 기후에 따라 생산량이 달라지기 때문에 각지의 수령에게 토지를 조사해 등급을 나눠 세금을 거두도록 했습니다.

다른 나라에서는 일정량의 토지에 일정량의 세금을 부과하는 방식이 주류였던 것을 생각하면 조선은 백성을 생각하는 마음이 깊었다고 볼 수 있습니다. 그런데 문제는 그해 파종부터 작황까지 몽땅 다 지방 수령이 조사해 보고해야 했기 때문에 상등급 토지와 하등급 토지가 같은 세금을 내는 일도 생기고, 수령이 할 일이 너무 많아 정상적으로 조사하기도 힘들었습니다.

국세청 조세박물관에서 전시했던 석천원전결원장부, 깃기 등에서 과거 세금 관련 기록을 확인할 수 있습니다.

석천원전결원장부는 보면 석천(石川)이라는 지역의 전답소재지 면적·소작인 등 내역을 적은 토지대장으로, 납부할 세금을 계산한 장부인 깃기가 붙어 있다는 기록이 있습니다. 또한, 깃기는 수세(收稅)를 담당하는 서원이 사람별로 소유한 토지를 모두 취합해 납부할 세금을 계산한 장부를 말합니다. 토지의 변화 상태나 농작물의 작황을 기록한 것을 바탕으로 세금을 계산했습니다.

조선 시대에는 법제적으로 20년마다 한번 씩 전국적인 규모로 양전(밭의 크기를 헤아림)을 실시하도록 했으나 실제는 막대한 비용과 인력이 필요해 수십 년 또는 100년이 지난 후에 개별적으로 실시되는 것이 보통이었습니다.

조선 시대에 세무조사가 있었다기보다 세금을 부과하기 위한 근거가 되는 토지의 크기와 작황 등을 기록함으로써 세금을 비교적 정확히 거두려는 노력이 있었다고 볼 수 있습니다.

(블로그 http://blog.daum.net/k8259055/11 참고)

세금신고 전에 성실신고 지원자료가 있다고 하던데요?

[법인세] [종합소득세]

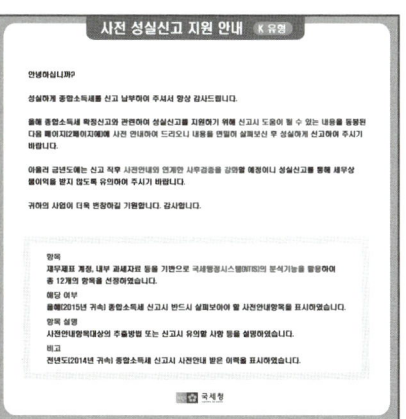

　국세청의 자료가 정보화사업을 통해 전산화가 이뤄지고 국세행정 통합시스템이 구축됨에 따라 국세청에서는 성실신고를 할 수 있도록 여러 가지 지원을 하고 있습니다.

1 법인세 신고도움 서비스

법인세의 경우 법인세 신고도움서비스를 제공합니다.

내용을 살펴보면 기본사항, 연도별 신고상황, 신고 시 참고할 자료, 업종별 신고 시 유의사항, 법인별 신고 시 유의사항, 맞춤형 안내사항, 절세 팁 등의 내용이 있습니다.

연도별 신고상황에는 직전 3년의 수입금액, 당기순이익 등이 표시되고 해당 업체의 소득률, 영업이익률이 나타나며 업종평균도 같이 제공합니다. 신고 시 참고할 자료에는 과세대상기간의 매출, 매입과 부가세 신고매출, 중간예납금액 등을 표시합니다. 또한 신용카드 사용현황을 분석해 개인적 치료나 업무무관업소 이용 내역이 있는지를 보여줘 성실한 신고를 유도합니다.

2 종합소득세 안내

국세청에서는 자발적 성실신고를 지원하기 위해 탈루, 오류가 자주 발생하는 유형을 중심으로 신고 시 유의사항을 우편 및 홈택스를 통해 개별안내를 하고 있습니다. 이로써 납세자는 사전 제공된 자료를 바탕으로 성실신고함으로써 사후검증이나 세무조사로 인한 가산세 부담을 줄일 수 있습니다.

사전 제공자료는 적격증빙 과소수취, 복리후생비 과다계상 등 사후검증에 활용하는 40개 항목의 전산분석자료이며 이를 과세대상에게 개별 제공해 신고에 반영할 수 있도록 하고 있습니다. 이런 자료를 토대로 불성실신고에 대한 사후검증과 세무조사를 연계하고 있습니다.

3 성실납세 협약제도

성실납세 협약제도는 중소기업의 성실신고를 지원하는 제도입니다. 적절한 내부 세무통제절차를 갖춘 법인과 국세청이 성실납세이행협약을 체결해 정기·수시 미팅을 통해 법인의 세무문제를 함께 협의합니다. 질의에 대한 답변·문제해결 등의 납세서비스를 제공해 법인이 납세의무를 신속·정확하게 확정하고 성실히 신고·납부할 수 있도록 지원하고 있습니다. 이 제도를 통해 주요 세무문제가 모두 해소되고 신고에 반영되는 등 성실납세가 인정될 경우, 해당 사업연도는 정기 세무조사 선전 대상에서 제외됩니다.

탈세정보수집은 어떻게 이뤄지나요?

1 탈세제보

국세청의 가장 직접적이고 확실한 탈세정보획득은 탈세제보입니다. 탈세자의 가까운 주변인으로써 탈세자의 내용을 잘 아는 지인들이 주로 탈세제보에 동참합니다. 이러한 탈세제보는 포상금 제도와 연결돼 탈세정보수집에 많은 역할을 하고 있습니다. 탈세제보에 의한 세무조사는 기사에서 쉽게 찾아볼 수 있습니다.

> 얼마 전 한 치과의사가 탈세제보로 인해 세무조사를 받았습니다. 해당 치과의사는 고객으로부터 치료비를 현금으로 받고서 그 수입금을 여러 개의 차명계좌로 입금한 사실이 발각되었습니다. 단순히 수입금액을 누락시킨 경우와 달리 차명계좌를 사용해 수입금액을 누락시킨 경우 탈세에 해당합니다.
> 탈세제보자는 근무태도가 불량하다는 이유로 해고된 간호사였다고 합니다. 그 치과의사가 차명계좌를 사용한다는 사실을 알고 있던 간호사는 자신이 해고되자 세무서에 탈세제보를 했던 것입니다.
>
> * 참고 : 대한변협신문 2013. 11. 15. 〈또 하나의 로또, 탈세보상금〉

이렇듯 탈세제보는 전혀 관계없는 제3자가 아니라 사무실 직원, 친인척 등 주변 사람들에 의해 이뤄지는 경우가 더 많습니다. 가까운 사람일수록 사업자와 관련된 세무정보를 알 수 있는 기회가 그만큼 많기 때문입니다.

2 탈세정보 수집

그렇다면 탈세제보가 아닌 탈세정보 수집은 어떻게 하는 길까요? 물론 적극적인 탈세정보 수집을 하는 조사관들도 있으나 가장 일반적이고 폭넓은 탈세정보 수집은 일상생활입니다. 국세청 직원은 현재 2만 명이 넘습니다. 이 직원들도 퇴근하면 일반인처럼 일상생활을 합니다. 그러면서 주변의 대화나 지인들과의 대화 등에서 많은 정보를 획득하게 됩니다. 이러한 정보들이 쌓여서 탈세정보의 바탕이 됩니다.

실제로 2015년에 세무서 직원을 통해 획득한 20만 건의 정보중 70%가 유효한 정보였다고 합니다. 뿐만 아니라 민원상담 업무와 현지 확인, 조사 과정에서 취득한 작은 소식과 퇴직한 직원과의 교류를 통해 얻은 개별업체의 내부 사정은 모두 귀중한 정보가 됩니다.

3 주요 정보

그러면 세무서 직원은 어떤 입소문이나 정보에 귀를 쫑긋거릴까요? 가장 대표적인 경우는 업소의 현금결제 유도, 현금영수증 발급 거부, 신용카드 위장가맹입니다. 이런 업소는 일정 기간

납세 실적을 지켜본 뒤 업황에 비해 부가가치세·종합소득세 신고금액이 적으면 세무조사 후보에 오르게 됩니다. 고객이 자리를 잡기 어려울 정도로 장사가 잘 돼 매장을 넓히거나 종업원이 늘어나는데도 납세액이 늘지 않으면 역시 탈세 가능성을 의심받게 됩니다. 결혼이나 장례를 치른 뒤 증여나 상속을 통해 상당한 재산 변동이 있었는데 신고가 누락됐을 때도 단서가 됩니다. 임대료 역시 중요한 판단근거가 됩니다. 점포임대료가 비싼데도 납세액이 적다면 탈세 가능성이 크기 때문입니다. 업종별로 통상적인 마진(이윤)이 있는데도 매장규모나 임대료에 비해 납세 실적이 적으면 탈세를 의심할 수 있습니다.

4 해외정보

국세청은 2016년 한국과 홍콩 조세조약과 한미 금융정보 자동교환 협약 비준 동의안이 국회를 통과했다고 밝힌 바 있습니다. 홍콩과의 조세조약 발효로 홍콩 소재 계좌정보와 재무정보 등 역외탈세를 입증할 수 있는 과세정보를 확보할 수 있습니다. 또한, 한미 금융정보 자동교환 협정으로 미국으로부터 계좌정보와 금융소득정보를 매년 제공받을 수 있습니다.

다자 간 금융정보자동교환협정(MACC; Multilateral Competent Authority on Automatic Exchange of Finance Information) 체결로 2017년 9월부터 영국과 케이만제도 등 53개국으로부터 계좌·금융소득을 매년 제공받게 됩니다. 2018년에는 스위스, 싱가포르 등 47개국이 추가로 참여해 100개국으로 교환 대상국이 늘어나게 됩니다. 이처럼 타국과의 다양한 협약을 통해 역외 탈세에 대한 해외정보를 획득하고 있습니다.

세무조사 시 자료제출을 거부하게 되면 어떤 처분을 받나요?

1 자료제출 요구근거

국세청이 세무조사를 하는 것은 각 세법에 규정하고 있는 질문조사권에 의해 실시하는 것입니다.

조사공무원의 질문조사권은 조사에 필요한 범위 안에서만 행사하며, 조사목적과 관련 없는 질문과 조사는 하지 않는 것이 일반적인 원칙입니다. 이런 규정은 국세기본법 제81조의4항에 명시돼있습니다.

세무조사가 실제로 실시되면 조사공무원은 각종 자료를 요구합니다. 장부, 증명서류, 물건 등의 제출, 열람, 해명 요구는 문서로 하게 돼있으며, 과도한 자료요구 행위는 못하도록 되어있습니다. 또한, 동일한 자료를 중복해서 요구하지 못합니다. 그러나 법령에 의해 작성·보관의무가 있는 회계장부 및 관련 증명서류(전산자료 포함)는 구두로 제출을 요구할 수 있습니다. 그리고 국세기본법 제81조의17항은 '납세자는 세무공무원의 적법한 질문, 조사, 자료제출 명령에 대해 성실하게 협력해야 한다'라고 명시하고 있습니다.

2 자료제출 요구에 불응시

국세기본법 제81조의8에 따르면, 납세자의 과세자료 제출지연·회피로 세무조사를 진행하기 어려운 경우 세무조사 중지 또는 연장을 결정할 수 있다고 돼있습니다.

또한, 조사공무원의 질문, 조사 또는 장부, 서류 등의 제출요구에 대해 거짓으로 진술하거나 거부 또는 기피할 경우 2,000만원 이하의 과태료가 부과될 수도 있습니다(조세범처벌법 제17조).

3 장부의 보관

조사공무원이 세무조사 과정에서 필요하다고 판단하는 경우 국세기본법 제81조의10에 따라 납세자의 동의를 얻어 장부, 서류 등을 세무관서에 일시 보관할 수 있도록 하고 있습니다.

일시 보관하고 있는 장부와 서류 등은 원칙적으로 조사가 끝나기 전에 납세자에게 반환해야 합니다.

4 금융거래정보

세무조사 과정에서 요구되는 자료 중에 통장내역이 포함되는 경우가 있습니다. 이 경우 자료제출을 거부할 경우에는 신중하게 생각해야 합니다. 세무조사 과정에서 꼭 필요한 통장내역임에도 제출을 거부할 경우 허가를 얻어 금융거래 정보를 조회할 수 있습니다.

조사사무처리 규정에 따르면 세무공무원들은 납세자의 금융거래정보를 조회하기 위해서는 지방국세청장의 승인을 받아야 하며, 금융거래 현지 확인 승인의 경우 조사국장의 전결이 필요합니다.

이렇게 금융거래정보를 확인하게 되면 해당 통장 외에도 훨씬 더 많은 금융자료를 확보해 세무조사에서 불리하게 작용할 수 있으므로 자료제출 거부에 있어 신중함이 필요합니다.

5 사례

다음은 지방의 기사에서 발췌한 사례입니다.

> **사례**
>
> 제주지역 한 대부업자가 세무조사 과정에서 거래장부가 없다며 제출을 거부한 것은 조세포탈을 위한 부정행위로 봐야 한다는 대법원 단판이 나왔다.
> 대법원 형사1부(주심 이인복 대법관)는 대부업자 고모 씨가 제주세무서장을 상대로 낸 종합소득세 등 부과처분 취소소송에서 원고 패소한 원심을 최근 확정했다.
> (중략)
> 고 씨의 경우 당시 제주세무서의 세무조사 과정에서 거래장부 등을 작성하지 않았다고 주장하며 일체의 자료제출 요구를 거부했다. 이후 불리한 입장이 되자 느닷없이 관련서류를 제출했다.
> 대법원은 "조세포탈 의도로 일부러 작성하지 않거나 이를 숨겨 조세 부과징수를 어렵게 만든 것으로 보인다"고 말했다.
> 이어 '국세기본법상 부정한 행위에는 고의로 장부에 기재하지 않는 행위도 포함된다'며 '고 씨의 행위를 부정한 행위로 판단해 국세 부과 제척기간을 10년으로 연장한 것은 정당하다'고 밝혔다.
>
> * 출처 : 제주의 소리, 2015. 10. 18. 〈세무조사 자료제출 거부, 제주 대부업자 조세포탈〉

내 물건을 내가 써도 세무조사가 나오나요?

실제 사례는 적으나 세무조사가 나오는 것은 가능합니다. 부가가치세법상 자가공급, 개인적 공급의 경우 재화의 공급으로 간주해 과세하는 규정이 있습니다. 이 규정에 따르면 자기의 물건을 자기가 써도 과세대상이 됩니다. 자가공급이라고 하면 사업자가 자기의 사업과 관련해 생산하거나 취득한 재화를 자기 사업을 위해 직접 사용·소비하는 경우를 말합니다. 개인적 공급이란, 사업자가 자기의 사업과 관련해 생산하거나 취득한 재화를 사업상과 관련 없이 개인적인 목적으로 사용하는 경우를 말합니다.

Q 자가공급의 표현이 어렵습니다. 사례로 설명 부탁드립니다.

A 자가공급으로는 면세전용과 비영업용 소형승용차와 그 유지를 위한 재화가 대표적입니다. 면세전용의 사례로는 사업용 임대를 목적으로 분양받은 오피스텔을 주거용으로 임대하는 경우입니다. 오피스텔이 사업용이면 과세이므로 매입세액을 공제받은 후에 면

세인 주거용으로 사용한다면 해당만큼 공제받은 매입세액은 다시 납부해야 합니다. 비슷한 예로 과세사업인 아파트, 오피스텔 신축분양업을 면세인 주택임대업으로 전환하는 경우가 있습니다. 비영업용 소형승용차와 그 유지를 위한 재화의 사례로는 택시 회사, 렌트카 회사 등이 매입한 소형승용차를 자가용 승용차로 사용하는 경우입니다. 주유소를 운영하는 사업자가 자기의 승용차에 휘발유를 주유하는 경우도 자가공급에 해당됩니다.

Q 개인적 공급의 사례를 부탁합니다.

A 개인적 공급이라면 아주 쉽습니다. 가구점 사장님이 회사의 가구를 집으로 가져가서 사용하는 경우나 주유소 직원이 주유소의 기름을 무상으로 사용하는 사례입니다. 일상생활에서 그냥 넘어갈 부분도 세법상으로는 과세 대상이 될 수 있습니다.

Q 또 다른 사례로는 어떤 게 있나요?

A 자동차부품 판매업체의 대표가 자기의 자동차 수리 및 유지 시 회사 부품을 가져다 쓰는 경우도 해당됩니다. 따라서 해당 부품의 판매금액만큼은 과세가 되야 합니다. 이 경우에서 해당 대표의 차량이 비영업용 소형승용차라면 사용된 해당 부품은 매입세액불공제 대상이라서 공제받은 매입세액도 국가에 반납해야 합니다.

관공서, 공공기관에도 세무조사가 이뤄질 수 있나요?

세무조사가 이뤄지기 위해서는 세금을 내는 대상자여야 합니다. 그렇다면 관공서는 세금을 낼까요? 국가가 자신에게 세금을 부과하고 자신이 세금을 가져가는 것은 이상하겠죠? 관공서는 감사를 통해 내부의 상황을 감시하고 확인합니다.

국가에는 관공서 외에 수많은 공공기관이 있습니다. 이러한 공공기관의 경우 세무조사를 하고 있으며 세금추징 사례가 많이 있습니다. 다음 보도 내용을 보면 많은 이해가 됩니다.

사례

국세청의 '최근 10년간(2005~2014년) 연도별 공공기관 세무조사 건수 및 추징세액 현황' 국정감사 자료를 분석한 결과, 최근 10년간 공공기관 세무조사 건수는 총 175건으로 1조 7,513억 원의 추징세액을 징수했고, 지난해는 4,885억 원으로 최근 10년 사이 최대치를 기록했다.

지난 2005년에는 16건으로 247억 원을 추징했으나, 2007년에는 비슷한 17건의 세무조사에서 무려 4,138억 원을 추징해 2005년의 약 16.8배로 추징액이 급증했다.

> 글로벌 금융위기 때인 2008년에는 18건의 세무조사에서 1,285억 원을 추징, 이듬해인 2009년에는 세무조사가 10건으로 추징세액도 469억 원으로 급감했지만 지난 2013년 2,304억 원으로 2012년 596억 원보다 3.9배 가까이 증가했고, 지난해 추징세액은 최근 10년간 가장 많은 규모인 4,885억 원으로 전년 대비 2배 넘게 늘었다.
> 이는 탈세가 많은 공공기관이 조사 대상에 포함되거나, 조사 대상 기관들이 비교적 규모가 크고 조사건수가 많아 추징세액이 증가한 것으로 분석했다. 하지만 국세청은 국정감사 자료요구에도 국세기본법 제81조의13(비밀 유지)조항을 근거로 공공기관을 개별납세자로 취급해 공공기관별 추징세액과 추징사유에 대해 공개하지 않고 있다.
> * 출처 : 세정일보, 2015. 9. 3. 〈공공기관 세무조사 정보 왜 공개 안 하는 거야〉

이처럼 공공기관에 대해서도 세무조사가 이뤄지고 있으며 기관의 규모상 추징세액이 많은 것이 특징입니다.

18

연예인의 세무조사에 대해서 알고 싶어요!

Q 연예인은 어떤 경우에 세무조사를 하나요?

A 연예인들의 세무조사는 신중한 상황입니다. 한 번 방송에 나오면 해당 연예인은 낙인이 찍혀 당분간 방송에 못나오고 연예인 생활에 지장이 크기 때문입니다. 그렇기에 함부로 세무조사를 진행하지 않고 정확한 정보나 자료가 확인되면 그때 조사가 진행됩니다. 기획사와의 다툼과정에서 소송이 벌어지면서 탈세가 드러나는 경우도 있으며 고액의 부동산을 취득한 사실이 밝혀졌으나 세금신고 내용이 미미한 경우에도 대상이 됩니다. 제보나 내부고발에 의해 탈세가 밝혀지기도 합니다.

Q 연예인의 세무조사 시 주로 이슈가 되는 항목은 어떤거죠?

A 연예인들의 수입은 방송, 영화출연료, 광고수입료, 행사, 기획공연 등 다양합니다. 이러한 수입원 중에서 정확히 신고되지 않는 수입이 발생하게 됩니다. 특히 행사나 공연 등에서 발생하는 수입

의 경우 정확히 드러나지 않기 때문에 수입을 낮춰서 신고하는 경우가 있습니다. 가장 자주 드러나는 매출 누락입니다. 가수들의 경우 나이트 등에서 활동하고 발생하는 수입은 차명계좌를 통해 수입을 누락하는 경우가 있습니다. 이러한 항목이 세무조사에서 드러납니다.

비용면에서도 자주 나오는 항목이 있습니다. 바로 가공경비입니다. 사실 연예인의 경우 활동 자체가 사업성인지 개인적인건지 구별하기가 어렵습니다. 거기에 소득 대비 비용이 많이 부족한 연예인이 대부분입니다. 그러다 보니 세금을 줄이려면 가공경비를 넣어야 하는 상황이 됩니다. 결국 이러한 부분들이 세무조사에서 드러나서 많은 세금 추징이 발생합니다.

연예인은 무대의상비 및 촬영의상비가 상당히 많이 들어갑니다. 이런 의류 구입비용이 사업상 필요해서 구입하는 건지 아니면 사적으로 구입한 건지를 구별하기가 어렵습니다. 사업을 위해서 구입한 의상이라면 당연히 비용처리가 가능하지만 개인적으로 구입한 의상을 업무상 필요해서 구입한 것처럼 비용처리 했다면 이는 비용으로 인정되지 않습니다.

세무사 3인이 알려주는
세무조사 대비의 모든 것

초판 1쇄 발행 2017년 9월 14일
초판 2쇄 발행 2019년 9월 23일

지은이 이봉구 양동원 변종화
펴낸이 전호림
기획·제작 ㈜두드림미디어
책임편집 최윤경
마케팅 김선미

펴낸곳 매경출판㈜
등 록 2003년 4월 24일(No. 2-3759)
주 소 (04557) 서울특별시 중구 충무로 2(필동 1가) 매일경제 별관 2층 매경출판㈜
홈페이지 www.mkbook.co.kr   **페이스북** facebook.com/maekyung1
전 화 02)333-3577(내용 문의 및 상담)   02)200-2636(마케팅)
팩 스 02)2000-2609   **이메일** dodreamedia@naver.com
인쇄·제본 ㈜M-print 031)8071-0961
ISBN 979-11-5542-729-3 03320

책값은 뒤표지에 있습니다.
파본은 구입하신 서점에서 교환해 드립니다.

이 도서의 국립중앙도서관 출판예정도서목록(CIP)은 서지정보유통지원시스템 홈페이지
(http://seoji.nl.go.kr)와 국가자료공동목록시스템(http://www.nl.go.kr/kolisnet)에서
이용하실 수 있습니다.
(CIP제어번호 : CIP2017022464)